Jaime

Humberto

HERMOSILLO

en el país

de las

APARIENCIAS

Jaime

Humberto

HERMOSILL

en el país

de las

APARIENCIAS

Arturo Villaseñor

CONACULTA
CINETECA NACIONAL   OCEANO

Diseño editorial y de portada:
SOLIDiseño
Alejandro Cruz Navarro
Norma Santillán Ávila

Ilustraciones:
Alejandro Cruz Navarro

**Jaime Humberto Hermosillo
en el país de las apariencias**

© 2002, Arturo Villaseñor

© 2002, Cineteca Nacional

D.R. © Editorial Oceano de México, S.A. de C.V.
Eugenio Sue 59, Colonia Chapultepec Polanco
Miguel Hidalgo, C.P. 11560, México, D.F.
Tel.: 5279 9000 Fax: 5279 9006
info@oceano.com.mx

PRIMERA EDICIÓN

ISBN: 970-651-690-5

Todos los derechos reservados.

Queda rigurosamente prohibida, sin la autorización escrita del editor, bajo las sanciones establecidas en las leyes, la reproducción parcial o total de esta obra por cualquier medio o procedimiento, comprendidos la reprografía y el tratamiento informático, y la distribución de ejemplares de ella mediante alquiler o préstamo público.

IMPRESO EN MÉXICO / PRINTED IN MEXICO

CONTENIDO

♠ Jaime Humberto Hermosillo 7
en el país de las apariencias

♥ Filmografía y bibliografía 107

♣ Cronología 131

A Anne-Marie Meier, de su discípulo.

Este libro es un ensayo combinado con ficción. Salvo excepciones, son de mi invención los párrafos atribuidos a personas reales, vivas o muertas; y por lo tanto, no expresan sus ideas sino las mías. Se trata de un homenaje a los colaboradores y amigos más cercanos de Jaime Humberto Hermosillo.

Agradezco la ayuda de Leticia Castro Villaseñor y José Mandujano.

Arturo Villaseñor

La luz del día se tornó en tinieblas y un vuelco en el estómago obligó a Jaime Humberto Hermosillo a experimentar el vértigo. El vacío estaba ahí, frente a él, invitándolo a echarse un clavado en las profundas aguas de toda su obra fílmica. Las olas se alzaron con todo su vigor, pues el ciclón que se había creado era debido al viento enfurecido de la sociedad, provocado por las películas realizadas por este singular director de cine. México era su país y Aguascalientes su ciudad natal. Él no sabía, ni siquiera entendía, por qué estaba ahí; y lo más desconcertante era darse cuenta que no estaba sentado en cualquier silla, sino nada más y nada menos que en el banquillo de los acusados.

intromisiones furtivas, pero no nos decía nada, se hacía el despistado. Sabíamos que con su acción nos facilitaba el acceso sin pagar boleto. Jaime entonces era un chiquillo. A algunas mujeres les causaba gracia ver a mi hermano tan pequeño, tan bonito, tan travieso y tan fanático del cine, le compraban el boleto y lo pasaban con ellas dejándome a mí afuera, en la calle. Desde entonces Jaime ya era una persona con un fuerte espíritu de solidaridad, pues una vez que él lograba entrar, me abría alguna de las puertas de emergencia, para que yo entrara también sin pagar boleto. Bueno, hasta mi mamá llegó a preocuparse por la pasión que su hijo más pequeño tenía por el cine. Un día, Jaime se enfermó: temperatura, anginas, gripa... pero ni la ausencia de salud le quitaba las ganas de ir a meterse al cine en la función de matinée. Por supuesto que mi madre no lo dejó ir aquel día. Le ordenó que se quedara en cama. Era tal la terquedad de Jaime por ir al cine, que mi mamá no tuvo otro remedio que encerrarlo en su cuarto. Esa vez tuve que irme solo a ver la función matutina, ni modo, la salud de Jaime era más importante. Pero cuál va siendo mi sorpresa: cuando llegué al cine Rex, me encontré con que Jaime ya estaba ahí, esperándome para emprender la aventura cotidiana de colarnos a la sala oscura. ¡Qué barbaridad! Resultó que se había fugado, el muy demonio, por entre los barrotes de la ventana de su habitación. Desde entonces me di cuenta que no habría nada, ni reja, ni muro o voluntad ajena, que detuviera a Jaime en su afán por disfrutar del cine; y por hacer cine, me doy cuenta ahora. Por lo tanto, admito, frente al Juez, que soy el culpable por haber fomentado la pasión por la cinematografía en el hermano menor.

— Muy conmovedor su relato — confirmó el Acusador — pero poco tiene de interés en nuestra investigación.

El sentimiento de nostalgia envolvió a Jaime Humberto desde el momento en que su hermano comentó las primeras experiencias cinematográficas durante la infancia: cuando los dos, aún pequeños, felices se dirigían al cine, cuando saboreaban la proyección de la película y cuando intercambiaban opiniones sobre los filmes que acababan de disfrutar. Relacionó esos recuerdos con la imagen final de la cinta de Bergman, Gritos y susurros, *donde se muestra a las tres hermanas durante un recorrido sereno por las praderas; momento crucial donde el significado de la felicidad estriba en los pequeños momentos compartidos.*

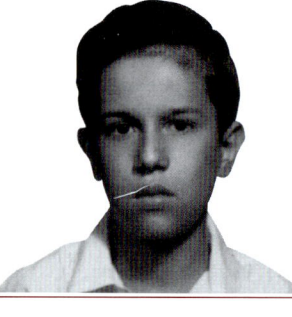

♠ Jaime Humberto Hermosillo.

También recordó que su hermano no solamente lo había incitado al pecado cinematográfico, sino que además lo educó en la apreciación del mismo. Con sus continuas asistencias al cine, al paso del tiempo, Marcelino detectó que detrás de las películas realizadas existían los directores, los cuales conformaban el estilo, la atmósfera, la temática y el resultado definitivo. Ya entonces ubicaban a los autores cinematográficos que tanta influencia ejercieron en el discípulo: Vincente Minnelli, Fritz Lang, George Cukor, Alfred Hitchcock, pero especialmente John Ford.

— Vayamos al grano — exclamó con gesto fruncido el Licenciado —. Desde sus primeras realizaciones cinematográficas, señor Hermosillo, usted atacó directamente a la familia, a la cual arrasó con todo y sus valores morales. ¿Está de acuerdo conmigo?

Jaime Humberto no lo afirmó, pero tampoco lo negó, simplemente se quedó impávido, gesto que obligó a que el hombre continuara con el discurso:

— Por ejemplo, para la película *Los nuestros*, que sé muy bien que usted hizo como trabajo de tesis para el Centro Universitario de Estudios Cinematográficos, obligó a su mamá a participar como actriz para interpretar a la villana del filme. ¿Su madre acaso supo de qué trataba el argumento?

— No, durante la filmación no lo supo — contestó sinceramente el acusado.

— Ella — aclaró a los cuatro vientos el Licenciado — solamente acataba las órdenes de su hijo: muévase para acá, muévase para allá. ¿No fue así? — Jaime Humberto respondió con un movimiento afirmativo de cabeza —. ¡La manejó a su entera perversidad! ¿Con qué fin? Para engañarla. ¿Y para qué la necesidad de acudir al engaño? Para usurpar así el fiel espejo de una madre característica de clase media. Y no para glorificarla, señor Juez, no, sino para desmitificarla.

Jaime Humberto buscó el apoyo de su hermano, pero él ya no estaba ahí, se había esfumado de una manera discreta. El Licenciado continuó expresando su inconformidad:

— En la historia, escrita por el propio acusado, muestra cómo una madre es capaz de cometer un inteligente crimen, con tal de salvaguardar la reputación familiar. Las madres no son así, señor Hermosillo, y mucho menos la suya propia.

María Guadalupe Delgado, madre del acusado, se plantó entre Jaime Humberto y el Licenciado, a quien le dijo serenamente:

— Esa película la hicimos con una cámara de dieciséis milímetros que mi muchacho adquirió con muchos sacrificios, gracias a sus ahorros del dinero ganado como auxiliar de contador en el fraccionamiento Lindavista. La cámara de Jaime era un tesoro para toda la familia, y la cuidábamos mucho. Hasta nos turnábamos para hacer guardias, del miedo que nos daba de que se la fueran a robar.

— ¿Y usted no se indignó cuando vio la película en donde su hijo la utilizó para desmitificar a las madres de clase media? — preguntó el Licenciado —. Estoy seguro que usted sería incapaz de cometer un crimen con tal de seguir manteniendo en pie el honor perdido de su hija.

— Mire señor, yo no sé quién sea usted. Pero le voy a decir mi opinión: para mí, *Los nuestros* es la mejor película que ha hecho mi hijo. Las demás se me hacen muy interesantes, pero ésa es genial. Además, por mi actuación en esa cinta me gané el Premio a la Mejor Actriz otorgado por los críticos de cine ese año.

Sonrió orgullosa, se acercó a Jaime Humberto, le acarició el mentón, y se retiró dignamente.

♠ María Guadalupe Delgado.

♠ Héctor Bonilla y Diana Bracho en *El cumpleaños del perro*.

— *Los nuestros* — reapareció Marcelino en defensa de su hermano — es el tipo de cine que a Jaime siempre le gustó hacer. Contar una historia aprovechando a los amigos, a los familiares, a los nuestros. Inventarles una trama que a ellos pudiera sucederles. Las limitaciones técnicas logró superarlas gracias a las historias intimistas. *Homesick* y *S.S. Glenclairn* fueron sus primeros cortometrajes; luego siguió su primer largometraje, con el cual fue aclamado por la crítica nacional e internacional, le fueron abiertas las puertas de la industria cinematográfica mexicana, y, sobre todo, inauguró el estilo que luego desarrollaría con maestría mi hermano.

— Claro, ahora comprendo: los críticos, los familiares y los amigos alimentaron al demonio desde que era jovencito — respingó el Licenciado con una sonrisa aguda y despiadada. Luego cogió aire y prosiguió un tanto más sereno—: Entiendo que el cine es *entertainment*. Pero lo que no comprendo es esa necedad de atacar precisamente a la clase media. Por ejemplo, su película *El cumpleaños del perro*. Bueno, hasta el título me parece un engaño. En esta película, basada en un guión propio del acusado, me impresiona la daga aguda con que disecciona a esos personajes tan comunes en nuestra sociedad. Es como si abatiera los muros que protegen la vida conyugal de los personajes para mostrárnoslos desnudos, no solamente del cuerpo, sino de sus anhelos profundamente perversos, distorsionados, asquerosos. En este filme ataca la institución matrimonial, y parecería que el mensaje del autor coincidiera con el dictamen: señores casados, maten a sus mujeres y entréguense al placer de la libertad y la aventura. Por Dios, señor Hermosillo, eso no es arte, eso es parte de una propuesta diabólica.

— No estoy de acuerdo con usted — aseguró Fernando Macotela—. Si consideramos al cine como expresión artística, específicamente humana, no tiene por qué acusar a la obra de Jaime Humberto. *El cumpleaños del perro* cumple con su objetivo: lograr una catarsis en el espectador.

— ¿Y el discurso? — objetó el Licenciado.

— Por lo visto para usted, señor — contestó enfurecido Macotela — , el discurso es elemental: maten a sus mujeres y gocen de libertad.

— Entonces está de acuerdo conmigo.

♠ Héctor Bonilla en
El cumpleaños del perro.

— Para mí, el discurso es mucho más inteligente que eso. Y conste que me baso en el argumento propio de la película. La pareja de matrimonios, una joven y otra madura, espejo pasado, espejo futuro, reflejan la imagen de la insatisfacción. Están unidos por obligación y no por devoción. Viven en la mentira y en la inconformidad. Y aunque la película aparentemente es ambigua, debido a la escasa información de los cuatro personajes inmersos en la cotidianidad, vislumbramos sus esencias, comprendemos su espíritu criminal, el cual responde a una necesidad primaria por liquidar, de una vez por todas, una vida impuesta y ajena. El autor simplemente plantea un mecanismo real del potencial humano. Eso no es un defecto, es una gran virtud. Ahora, si hurgamos en la firme intención o mensaje enviado por el autor, lo único que descubrimos es una cordial invitación a la aventura de encontrarnos a nosotros mismos, para evitar caer en esquemas impuestos y no necesariamente favorables. En este caso específico: la Institución Matrimonial. Si ubicamos a la obra dentro una perspectiva ética, el planteamiento es válido, pues es evitar que sigamos cometiendo errores, crímenes. Los cuatro personajes creados por Hermosillo sufren por las mismas carencias. Más que una propuesta diabólica, me parece un profundo discurso, dicho de manera metafórica por supuesto, sobre la necesidad de encontrar al propio ser antes de emprender el camino de pareja. Y no al revés, como sucede generalmente en nuestra sociedad. Los matrimonios se crean básicamente a ciegas. Para dictar el discurso de esta cinta, fue necesario insertar el cuchillo en una de las partes más importantes y sensibles de la sociedad, y encontrar el mecanismo de los crímenes del corazón que tanto se suscitan en las relaciones matrimoniales.

El acusado revivió la tarde cuando se le ocurrió la idea que generó el guión de El cumpleaños del perro, *mientras presenciaba la proyección de la película* Frenesí, *de Alfred Hitchcock: cuando el protagonista, injustamente acusado de asesinato, le pide alojamiento a su mejor amigo, y éste accede debido a la solidaridad que siente por el amigo desvalido. Ello crea un fuerte disgusto en la esposa del amigo, y manifiesta su desacuerdo y el peligro que conlleva dicha acción protectora, pues pueden verse implicados en el crimen como cómplices. El espectador sabe que el acusado es inocente, y por lo tanto no simpatiza con la actitud terca, exagerada y deshumanizada de la mujer, dispuesta a proteger a cualquier costo su seguridad y el orden moral de su aparentemente intachable matrimonio. Y en consecuencia, ella denuncia al fugitivo.*

Fue entonces cuando Jaime Humberto abandonó la sala cinematográfica, debido a la necesidad imperiosa de escribir una historia donde retomaría parte de este argumento, pero con un giro que implicaría otra vuelta de tuerca: el personaje que pide asilo efectivamente es un asesino. Para el joven realizador mexicano, la necesidad de redactar un argumento con base en la importancia de la amistad por encima del prejuicio moral lo condujo a la introspección de los esquemas institucionalizados del matrimonio, y asumir el reto dramático implícito. Jaime Humberto aprendió entonces que el impulso creativo surge en los momentos más inesperados.

— Prosigan — recomendó el Juez.

—Yo, la verdad, no entendí muy bien la película — dijo una señora desconocida. Fui a verla porque una amiga me dijo que salía desnudo Héctor Bonilla, y que la película estaba plagada de escenas eróticas. A mí sí me gustó, pero no le entendí. De pronto, Diana Bracho está muerta, asesinada por Héctor. En ningún momento descubrí los motivos por los que la mató. Me quedé fría, pues entre ellos todo parecía ir muy bien, se veían tan contentos, tan felices, tan enamorados. En cambio, cuando Jorge Martínez de Hoyos mata a Lina Montes, allí sí entendí por qué lo hacía. Esa mujer se había convertido en una pesadilla para el marido, no lo dejaba ni siquiera respirar, opinaba en todo y le imponía siempre su parecer, aunque careciera de razonamientos. La película me gustó por lo que les dije al principio: ver a Héctor Bonilla desnudo a cada rato. Lo que también me llamó la atención, es que era una película muy diferente de las que entonces estábamos acostumbrados a ver en el cine mexicano.

— ¿Entonces usted misma admite que fue a verla guiada por el morbo? — preguntó el Acusador.

— Así es — respondió cándidamente — ¿tiene eso algo de malo?

— Puede retirarse — ordenó el hombre dándole una palmada en el hombro. La señora se alejó abrigada en su chal—. Dejo lo anteriormente expuesto a consideración del señor Juez.

Jaime Humberto caminó por entre pasillos. Las imágenes en movimiento y en blanco y negro pasaban a su lado como proyectadas en ventanas y quedaban atrás conforme avanzaba. Los diálogos se perdían en el fondo del pasillo. Eran discursos extravagantes, gramaticalmente perfectos, dichos con la mejor dicción, y que poco correspondían a cómo hablaban sus semejantes en su ciudad natal de Aguascalientes. Había algo discordante entre esas imágenes y esos diálogos, pues no concordaban con su entorno, con su gente. Era como si pecaran de pretenciosos y estuvieran estrictamente divorciados de la realidad que se imponía ante él día con día. Insatisfecho con lo que presenciaba, se sentó a escribir un guión, mientras trabajaba en la película Victoria, como asistente del director José Luis Ibáñez. El guión que tramaba durante las horas libres, Jaime Humberto lo idealizaba

— Por lo visto — dijo con parquedad doña Emma —, usted vio *otra* película, y no la que hicimos Jaime Humberto y yo. Con permiso.

Y se retiró disgustada, echando chispas y centellas.

La típica casa de Aguascalientes, con sus altos ventanales protegidos por barrotes, con su portón de hierro forjado en el ingreso, y con su patio amplio donde habitan las plantas, se irguió frente a Jaime Humberto para proponerle albergar ahí a su Berenice, la viuda solitaria de pasado dudoso. La colocó ahí para que hiciera compañía a doña Josefina, una anciana usurera que requería cuidados y atenciones. Entre sus protagonistas, Jaime Humberto dibujó un idilio ejemplar: los silencios que abruman la cotidianidad, la ejecución de sus obligaciones de mujeres aplacadas y sometidas por las circunstancias del destino; el respeto mutuo y el eterno agradecimiento que sentían, una por protección y la otra por atención, hacían entrever una vida perfecta, serena, interiorizada, casi mística. Los intrusos eran Merceditas, la vecina que acudía a visitarlas todos los días; José y otros campesinos, que entraban a pagar sus adeudos; el doctor familiar, confidente y amigo; y otras vecinas insignificantes. Parecería perfecto el universo creado por Hermosillo, pero él mismo se dio cuenta que su historia no podía tratar sobre personajes muertos. Entonces, introdujo la pasión, demonio necesario, espíritu erótico que se impone sobre esquemas estereotipados para dar relevancia a una propuesta real y, sobre todo, revitalizadora. Jaime Humberto sonrió para sus adentros al darse cuenta que el guión estaba resuelto, solamente había que vigilar muy bien el planteamiento: Berenice tenía que querer por sobre todas las cosas a su madrina doña Josefina, a quien atendería con precisión, a pulso de reloj, demostrándole así la constancia de su amor. Mientras tanto, el fuego de la pasión se mantendría oculto, debidamente resguardado en el inconsciente, castigado a manifestarse únicamente durante los periodos del sueño y las experiencias cinematográficas. Mas el volcán terminaría por explotar vigorosamente, y con su desbordamiento avasallaría sin piedad, con el potente fuego de sus lavas, las tierras humedecidas que lo mantuvieron aplacado.

Jaime Humberto sintió una mirada penetrante sobre él: era el Juez, quien lo observaba detenidamente mientras escuchaba casi al oído los secretos de Elsy Canto.

— No entiendo por qué se ofendió doña Emma Roldán — dijo el Acusador, contrariado —, creo haberme expresado muy bien de su película.

— La señorita aquí presente tiene algunas palabras que decir — dijo el Juez, e invitó a Elsy Canto a que expresara su opinión.

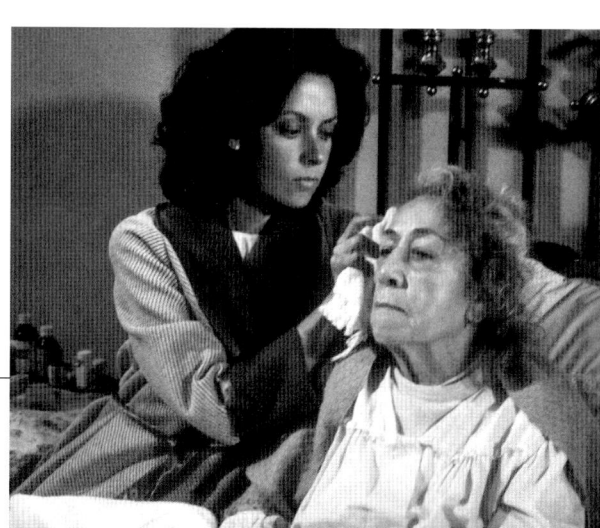

—Yo fui la víctima en la película *Los nuestros* — expresó Elsy —. Entonces mi nombre artístico era Odinetta Dey, que luego cambié por otro mejor: Magnolia Rivas. Quisiera decir aquí, frente al distinguido señor Juez, las semejanzas que encuentro entre *Los nuestros* y *La pasión según Berenice*, porque además en ambas participé como actriz. Una amiga, muy apreciada por mí, insiste en que todos los artistas son monotemáticos. Quizás cambien los géneros, las formas, el tono, pero sus obras siempre reflejan la misma inquietud temática. Recordemos a Shakespeare, a Eugene O'Neill, a Tennessee Williams; y mi estimado y queridísimo Jaime Humberto no escapa a este estigma. Comento esto porque el Licenciado que lo acusa parece no tener una visión clara. Por ejemplo, critica *Los nuestros*, y sin embargo halaga *La pasión según Berenice*. Para mí, estos filmes son uno mismo, es como si con el tiempo Jaime Humberto se hubiera permitido volverla a realizar, pero con mejor pulso en el trazo fílmico, además de aprovecharse de una mejor infraestructura técnica. En ambas existen, como telón de fondo, los valores de la moral establecida. También, en ambas, se cometen crímenes *ex profeso*. Pero en la primera el crimen es para salvaguardar dichos valores, y en la segunda es por rebeldía. Lo interesante es que en ambos casos los personajes parecen inofensivos, cercanos a nuestra cotidianidad, demostrándonos que todos somos potencialmente criminales. Por eso a mí me aterran y me inquietan. La madre de *Los nuestros* traiciona a su mejor amiga y, sin necesidad de ensuciarse las manos, con el crimen logra su propósito: eliminar a la rival de su hija, para cederle el paso hacia un matrimonio bajo las leyes del estado y de la iglesia; pero ni así logra que ella se case, pues prefiere continuar con su amante en amasiato. Mientras tanto, la madre se consume por los remordimientos que la acosan. La pasión es representada por la linterna que se enciende y se apaga. Yo respondo de la misma manera con cerillos, señales similares al caballo que se incendia en el sueño de Berenice. La experiencia de la sexualidad clandestina debida a la moral impuesta por una sociedad represora crea en los individuos tics nerviosos, rezos insistentes, ansiedades bajo las uñas, hipocresía necesaria y crimen. Para mí lo más perturbador es que los asesinatos se cometen contra seres que se suponen queridos. Y, si emulando a Flaubert, Jaime Humberto podría decir "*Berenice soy yo*", entonces él quemó metafóricamente a su madre. Estas dos películas de Jaime Humberto me recuerdan a la tragedia clásica, por supuesto ahora transportada a época actual y representada por los personajes que se esconden entre la multitud. Y las tragedias clásicas, durante toda la Edad Media, estuvieron prohibidas por censores. La única en el género que estaba permitida, era la pasión de Cristo. Es todo, señor Juez. Muchas gracias.

— Prosigamos — ordenó el Juez.

—Ya no sé en dónde me quedé — dijo para sí el Licenciado mientras trataba de retomar el tema —. A ver... también hay otra película que me gusta de las que usted ha hecho, señor Hermosillo. No recuerdo muy bien el título de la película, pero con algunas referencias que le dé, seguramente va a refrescar mi memoria. Es una película de época que trata sobre dos hermanos. Uno de los actores es don Fernando Soler, y de los otros ya no me acuerdo. ¿Sabe a cuál me refiero?

♠ Martha Navarro y Emma Roldán en *La pasión según Berenice*.

♠ José de la Colina y Jaime Humberto Hermosillo.

— *El señor de Osanto* — respondió Jaime Humberto —. Es un guión que escribimos José de la Colina y yo.

— Pues esa película también me gusta. Y le voy a decir por qué. Como se dará cuenta, no soy tan malvado con usted como algunos suponen. *El Señor Dios Santo* es una película blanca, bonita, con bellos paisajes, la recreación de la época es estupenda. Y la historia... ¡Qué historia! Por favor, felicite de mi parte al señor De la Colina.

— El guión esta basado en una novela de Stevenson — comentó Jaime Humberto.

— Y la fotografía... Creo recordar que la fotografía es nada más y nada menos que de don Gabriel Figueroa, ¿verdad?

— Sí. También colaboró conmigo en la película *El corazón de la noche*.

— ¿Y por qué a la película de *El Señor Dios Santo* no se le dio la publicidad necesaria siendo que, para mí, es una de las mejores que usted ha hecho? Qué raro, ¿no le parece? Porque por el contrario, otras de usted, han sido muy mencionadas e invitadas a participar en festivales internacionales de cine. *El Señor Dios Santo* pasó sin pena ni gloria. ¿Me podría dar una explicación a eso?

— La verdad, no.

— ¿Por qué?

— Porque eso no depende de mí, sino de los productores y de los distribuidores.

— O sea, usted hace la película y otro se encarga de su difusión.

— Así es.

— Qué curioso. En fin. *El Señor Dios Santo*...

— Yo le regalé a Jaime Humberto un ejemplar de la novela *Master of Ballantrae*, de Robert Louis Stevenson — intervino José de la Colina —, lo hice con el fin de entusiasmarlo para que juntos hiciéramos una adaptación para cine.

— Señor de la Colina, ¿por qué dedicó usted diez páginas de su libro *Miradas al cine* a las películas del acusado?

— He seguido con atención e interés su carrera desde que vi su primera película, *Homesick*.

— Es usted guionista de cine.

— No. Soy guionista de Hermosillo. Sólo he escrito guiones con él. Filmados ya, *El corazón de la noche* y *Naufragio*, inspirado éste en el cuento *Mañana*, de Joseph Conrad. Y tenemos algunos proyectos más...

— Respecto a esa película, señor Hermosillo — interrumpió el Licenciado —, hay detalles que me hacen ruido, que no me cuadran por más que los analizo. En pocas palabras: que me parecen innecesarios. *Naufragio*, como bien dice aquí su colaborador, es la adaptación de uno de los mejores escritores norteamericanos.

— Polaco, nacionalizado inglés — aclararon al unísono De la Colina y el acusado.

A regañadientes aceptó la corrección el Acusador, y continuó:

— Dudo mucho que él, en su desarrollo narrativo, se haya detenido en describir semejantes vulgaridades. Me refiero a las escenas en donde María, embelesada, contempla a José Alonso dormir profundamente y, cuando se reacomoda en la cama, descubrimos a través del pantalón el pene erecto. Dudo mucho que esto lo haya descrito *mister* Conrad. Ah, y otra escena, cuando María espía a José orinar en el baño. Este placer extraño de sus personajes femeninos por mirar a sus galanes cuando están orinando...

— No los miran, los espían auditivamente — precisó De la Colina.

— ...es una constante en su obra — continuó el Licenciado, molesto ya por las frecuentes interrupciones —: Berenice *espía auditivamente* a Rodrigo en *La pasión según Berenice*. En *La tarea*, Virginia espía a Marcelo; en *El aprendiz de pornógrafo*, la dama también espía al señor, etcétera, etcétera. Usted, señor Hermosillo, mejor debió de llamarse *Obsesillo*. En casi todos sus filmes abusa de lo fálico, directamente o a manera de símbolo. Yo sugeriría que debiera tratar este problema con algún profesional de las terapias psicológicas. Me parece insano este placer que usted encuentra simplemente cuando les indica a sus actrices esta acción. Ya no digamos dejarlo plasmado en el celuloide para que todo el público participe de sus perversidades. Es usted como Berenice; peor, pues en lugar de dejar pintados falos en las paredes de los baños, los deja impresos en el negativo del celuloide. Estas escenas innecesarias, si se eliminaran de los filmes no afectarían sus desarrollos dramáticos. Y posiblemente usted tampoco estaría aquí, sentado en el banquillo de los acusados.

— Yo quiero decir unas palabras al señor Hermosillo — dijo una mujer que apareció entre la bruma —. Yo soy de Aguascalientes y toda mi familia también, de lo cual estamos muy orgullosos. Pero no disfrutamos para nada el tipo de cine que hace usted. Nosotros los hidrocálidos no somos así. Usted, con la imagen que muestra al mundo sobre nuestras costumbres, nos avergüenza, nos degrada. Nosotros no incendiamos casas, ni matamos a las rivales, ni pintamos obscenidades en los baños, ni tampoco nos casamos para cubrir hermafroditismos. Estoy aquí para unirme a la protesta contra la clase de cine que hace usted, señor Hermosillo, y créame que nos disgusta de sobremanera que sea nuestro paisano. El que lo sea no es tan grave, el que sus historias descaradas sucedan en mi ciudad, sí; lo cual nos tiene verdaderamente molestos. No tengo nada más que agregar. Gracias, señor Licenciado. Ofrezco disculpas por mi intromisión, pero para mí era ante todo un deber.

Y se perdió como llegó: entre nubes fatuas.

— ¿Puedo decir algo sobre *Naufragio*? — preguntó impositiva Ana Ofelia Murguía.

Tras sonreír a la actriz recién llegada y hacer un gesto de apoyo solidario a Jaime Humberto, José de la Colina aprovechó para retirarse.

— Adelante — respondió amable el Juez.

— Gracias. Cuando Jaime Humberto conoció el cuento *Mañana*, de inmediato pensó en cambiar al personaje del padre por madre; lo cual me favoreció, pues me ofreció el papel. Ahora que recapacito sobre el asunto, me doy cuenta que las historias que por lo general entusiasman a mi querido Jaime Humberto tienen una constante que vale la pena subrayar: relaciones de extremada dependencia entre una mujer joven y una mujer madura. La preocupación por indagar, desde todas las perspectivas posibles, sobre los sentimientos que generan esta dinámica dependiente entre dos mujeres ha dado vida a muchas de las obras excelsas de nuestro director, y otras quizás no tan logradas; pero es claro que Jaime Humberto tiene necesidad de profundizar en la dinámica establecida entre dos universos femeninos. Tenemos *Los nuestros*: amiga - amiga; *La pasión según Berenice*: madrina - ahijada; *Naufragio*: compañera - compañera; *Matinée*: madre - amiga; *Confidencias*: patrona - sirvienta; *Intimidades en un cuarto de baño*: madre - hija; *Encuentro inesperado*: estrella - admiradora ¿o madre - hija? Hay que admitir que en cada una estas historias se perfila un rostro diferente, otro ángulo sobre el mismo diamante. Jaime Humberto, ¿de dónde surge tu deseo por escudriñar en esa clase de relaciones?

Jaime Humberto le sonrió y sólo optó por encogerse de hombros.

— A mí me parece una manera muy inteligente de plantear la posibilidad o la necesidad de amor entre dos personas del mismo sexo — sugirió Ana Ofelia, como si pensase en voz alta —. Pues no hay que negar que este tema es también recurrente en tu obra.

— Posiblemente — comentó Jaime despreocupado.

— ¿O más bien apunta al interés por revisar, con lupa, las intrincadas tierras áridas que resguardan el complejo de Electra? — inquirió la actriz.

— No sé — dijo Hermosillo con honestidad.

— Los misterios de la creación, ¡qué prodigio! —subrayó Ana Ofelia —. Lo bueno es que esta preocupación ha fructificado en excelentes trabajos. Y qué maravilla que el cuento de Conrad lo hayas adaptado a tus personajes femeninos, para seguir revisando la complejidad de esa clase de relaciones. *Naufragio* tiene un final glorioso. Está llena de vida, de emotividad, y en su momento fue aclamada por la crítica y recibió varios premios.

— Ariel ex-*aequo* para usted y María Rojo, dígalo, no sea modesta — intervino el Juez.

— Pues sí, como en la vida real somos amigas, se nota en la pantalla. Amparito y Leticia viven del mito, de la ilusión, de la esperanza porque regrese el ausente, el ser perfecto que las rescatará de la mediocridad. Pero la realidad, que dista mucho de la idealización, es la que se encarga de arrasar a los espíritus románticos, dejando a su paso un sendero escuálido, inhóspito y cruel que remueve la necesidad por ubicar de nuevo a la figura mítica sobre el pedestal donde ofrecemos nuestros rezos. Hay que reconstruir apresuradamente el altar, con los propios trozos dispersos, con los restos del naufragio, antes que la existencia sucumba por la ausencia de anhelos.

Jaime Humberto se compadeció de sus mujeres. Y reconoció que tanto las provincianas como las capitalinas habían sido recreadas bajo los mismos estigmas de la soledad y la dependencia. Se preguntó a sí mismo a qué respondía esta constante en sus escritos y realizaciones. Sus mujeres le recordaron el mito de Penélope, tejen y destejen en espera del ser amado. El tejer y destejer las mantiene en el mismo espacio, en espera eterna, acompañadas para crear la atmósfera del hogar, del útero materno, de la seguridad por mantenerse cobijadas en tiempos de frío. Reconoció que no siempre dicho universo lo creó plenamente satisfactorio; algunas veces las ubicó, mientras tejían y destejían, en manicomios, en pueblos chicos de infiernos grandes, en la gran capital pero aisladas de la multitud. Ellas soportan toda clase de inclemencias mientras perdure en su espíritu la esperanza de encontrar, o de ver retornar, al salvador, al ser amado. Entonces no son sólo ellas dos, y esto fue años antes de que Jorge López Páez publicara su cuento, que, por cierto y me da mucho orgullo decirlo, yo le di a leer a Jaime Humberto.

— Pero hay muchas cosas que a mí me incomodan en *Matinée* — interrumpió el Acusador —. Y como representante de los ofendidos y de quienes levantaron su queja para colocar al señor Hermosillo en el banco de los acusados, tengo derecho a expresar las inconformidades: No entiendo por qué el niño simpatiza con uno de los adultos aun a sabiendas que es ladrón y criminal. Bueno, probablemente se debe a que es un niño, un inocente. Pero tampoco entiendo el aspecto sugerido de la relación homosexual entre los dos asaltantes. ¿Son o no son amantes? Al menos en apariencia parecen hombres tan normales y he ahí lo peligroso del filme. El tratamiento disimulado de la homosexualidad hizo que la mayoría de las personas preocupadas por una moral sana, la vieran serenamente y pasaran por alto la pecaminosa relación entre el par de individuos. ¡Qué barbaridad, eso es como hacerte comer un platillo que te disgusta, aderezado por condimentos que son de tu preferencia! Un engaño, un perverso y vil engaño. Cuando algunas de estas personas se enteraron de que les había pasado inadvertida la implícita relación homosexual, se disgustaron. Y por supuesto vinieron a exponerme su queja.

— El sugerir la preferencia sexual de los personajes — intervino en defensa el actor, coreógrafo y bailarín Farnesio de Bernal — es muy usual en la cinematografía mundial. Sobre todo en el cine hecho durante épocas de censura. Cuando Jaime Humberto realizó *Matinée*, el cine nacional permitía todo tipo de problemáticas, muchas de ellas con referencia directa a la sexualidad. Durante esa década de los setenta hubo apertura para exponer uno que otro tema tabú. Sin embargo, Jaime Humberto prefirió manejarlo como si se tratase de una película realizada en tiempos de restricción moral. Y no lo hizo por autocensura, sino como un homenaje al cine de géneros, que tanto le recordaba su niñez: cuando se escapaba de la escuela para ir a la función triple, por eso el título de la película implica no sólo la función matutina, sino además la ruptura de los límites genéricos. Y sí, la película la realizó Jaime Humberto para que también la pudieran ver los niños. Hay una historia en *Matinée* para ser disfrutada por los niños, y otra historia de fondo para ser entendida por los adultos. Una propuesta bastante interesante, diría yo. Y que no escapa al juego por desenmarañar las complejas relaciones entre los personajes implicados: "A" quiere a "B", "B" quiere a "C" y "C" no quiere a nadie.

♠ Héctor Bonilla y Ernesto Bañuelos en *Matinée*.

— *Matinée* está llena de episodios — intervino el antes niño y ahora adulto Armando Martín "*El Pecas*" —. La primera parte sucede en Aguascalientes, cuando el par de chiquillos *pinteros*, Aarón y yo, nos escapamos al cine, donde somos aprehendidos por la señorita directora. Jaime Humberto aprovechó para recrear nuestro mundo infantil: sueños de aventura, aburridas materias escolares, nuestras pequeñas obligaciones, la relación con mi papá, y la de mi amigo Aarón con su madre y su hermanita. El deseo por experimentar las aventuras como acontecían en las funciones de matinée, nos hace ir a la ciudad de México, yo acompañando a mi padre, y mi amigo escondido entre los muebles del camión de mudanzas. El segundo episodio empieza cuando aparecen los ladrones, quienes matan al copiloto, amordazan a mi papá, y a mí me *obligan*, entre comillas, a participar en el robo al parque de diversiones. Una experiencia fantástica, emocionante, padrísima. Todos los atracos que cometemos son parte de nuestro mundo infantil: parque de diversiones, tiendas de abarrotes, gasolineras, golosinas, el dinero de la limosna recaudada en la Basílica de Guadalupe. El padrísimo tono que utilizó Jaime Humberto es muy interesante porque parece que la película la hubiéramos hecho nosotros los chiquillos. En el último capítulo es cuando se presentan los conflictos más difíciles, y corresponden más a lo que sentimos por dentro que a lo que hacemos. La atmósfera suave de los anteriores capítulos se pierde, y la película se vuelve seria, casi para adultos. Nos traicionamos unos a otros, y hasta la amistad que tenía con Aarón se acaba. En esa aventura murió el copiloto del *trailer*, también murió mi papá, pues quería fugarse con todo el dinero robado, dejándome allí abandonado entre la bola de ladrones. Luego regresamos al *trailer* y podemos rescatar a Aarón, que estaba a punto de asfixiarse dentro del camión de mudanza. Y al mero final de la película, muere la pareja de ladrones. A Aarón le afecta tanto que su amigo el ratero haya muerto, que no se hace el ánimo; y menos aún al darse cuenta, cuando regresamos a la ciudad de Aguascalientes, de que nos esperan con pancartas de bienvenida como a pequeños héroes. Al contrario de lo que yo esperaba, Aarón se baja por la izquierda del vagón de tren, rechazando así a la gente que nos daba la bienvenida como a triunfadores, y prefiere huir a pesar de que su madre y su hermana lo llaman a gritos para que regrese. Aarón termina por subirse a un tren que en ese momento parte, y se va. ¿A dónde? No lo sé, pero de seguro a buscar nuevas aventuras. ¿Estoy incluido para participar en los siguientes episodios, Jaime?

El acusado le sonrió con un movimiento de cabeza afirmativo.

— Sí, claro, después habría de participar en otras películas con Jaime, pero serían ya más bien historias hechas para mayores de edad. Ah, y una anécdota a propósito de esa escena del tren. Los de producción no entendían el por qué Jaime Humberto pidió un cambio de cámara que implicaba replantear toda la iluminación para que, por eso de los ejes, yo bajara por derecha de cámara, saludando a la multitud con las manos en alto como un político, y Aarón por la izquierda. Caprichos de principiante, decían; planteamiento de fondo y forma, y hasta de postura ética, podemos deducir ahora.

— Ese niño inconforme que huyó del seno familiar, con el tiempo se convierte en el marinero de *Naufragio*. ¿No es así? Son el mismo personaje — opinó el Licenciado mientras escribía algunos apuntes en su libreta. Luego continuó hablando —. Veamos de nuevo sus propuestas o mensajes cinematográficos. ¿Le parece correcto que este niño apodado *El Pecas* y el otro llamado Aarón huyan de sus hogares a tan corta edad? A mí me parece una propuesta bastante peligrosa, sobre todo delicada. Por lo que recuerdo de *Matinée*, a mí no me parece una película infantil, más bien me parece estrictamente para adultos. Mezclar niños con parejas de ladrones homosexuales es otra más de las demandas contra el acusado. Espero que la mayoría esté de acuerdo conmigo. Y ya que tocamos temas delicados. ¿Qué nos dice el señor Hermosillo respecto a una de sus peores películas: *Las apariencias engañan*?

♠ Isela Vega en
Las apariencias engañan.

— Eso, que las apariencias engañan. A mí me parece mi mejor película — contradijo Jaime Humberto.

— ¿En serio?

— Siempre que me preguntan cuál es mi preferida entre todas las películas que he dirigido, respondo: *Las apariencias engañan*.

— ¡Bueno, era de esperarse de una persona como usted! Dígame, señor Hermosillo ¿tiene acaso usted principios morales?

— Por supuesto.

— Pues no parece. Todo el tiempo, por lo visto, se la pasa regodeándose en la inmoralidad.

— *Las apariencias engañan* no es una película inmoral.

— ¿Ah, no? — cuestionó el hombre en tono irónico, pretendiendo controlar su propia ira.

— No — contestó serenamente Jaime Humberto.

— Definitivamente considero, señor Juez, que el acusado debiera aclararnos sus conceptos morales, porque seguramente distan mucho del significado que nosotros tenemos. Considero también de suma importancia esta aclaración, porque parece que estamos hablando diferentes lenguajes.

El Juez, con un gesto y un movimiento de mano, le indicó a Jaime Humberto que especificara sus términos sobre la moral. Jaime Humberto simplemente sonrió y de sus labios no brotó ninguna respuesta. Se quedó ahí, sentado en el banquillo mientras miraba sonriente al Juez y al licenciado Acusador, quien, a punto de explotar de impaciencia, con cortesía disfrazada, le sugirió a Jaime Humberto:

— Puede aclararnos la clase de moral que maneja. Y no se preocupe, intentaremos entenderla. Posiblemente así nuestra comunicación sea más precisa. Además, tengo mucho interés en conocerla. Adelante, señor Hermosillo.

Jaime Humberto permaneció en silencio, sereno, no había poder que le arrebatara su tranquilidad. Parecía un personaje ingenuo, ausente de malicia, y en sus labios seguía dibujado el esplendor de su sonrisa.

— ¿Se va a quedar así, callado todo el tiempo y con esa falsa cara angelical, para hacernos creer que es incapaz de cometer faltas a la moral? No, señor Hermosillo, usted no me va a conquistar con sus posturas. Para mí es claro que usted es un ser diabólico y por eso estoy aquí, para derrotarlo.

Jaime Humberto le volvió a sonreír, y sin proponérselo, como si fuese un nuevo don, escuchó los pensamientos del hombre Acusador:

"Reconozco que poco lograré contra el cineasta apreciado por aquellos que practican los bajos instintos... Quizás pueda conseguir que le retiren los títulos de guionista y cineasta... porque dudo mucho que el veredicto dicte privación de su libertad... los defensores de los derechos humanos no me dejarían hacerlo, antes se me echarían encima. ¡Maldita sea!"

Jaime Humberto quiso huir, pero algo lo obligaba a permanecer sentado en el banquillo. Prefería morir antes que le retiraran su derecho a seguirse expresando por medio del lenguaje cinematográfico. Entonces tuvo un fuerte impulso por defenderse, por derrumbar los argumentos del Acusador cuyos propósitos eran firmes: destruirlo a él y a su obra completa. Pero no podía hacer nada. Su lengua estaba paralizada y su rostro continuaba sonriente, no reflejaba un solo rasgo de preocupación o enojo.

— Como verá, señor Juez — opinó el hombre —, el acusado no responde. Lo cual implica que no tiene bases suficientes para sostener los principios de una moral correcta.

— ¡Qué moral ni qué la chingada! — irrumpió Isela Vega con su fuerte presencia y voz imponente —. Los que carecen de moral son ustedes los censores. *Las apariencias engañan* estuvo prohibida durante muchos años, gracias a la orden verbal que dictó la máxima autoridad represora cinematográfica de aquel entonces. *"Mientras yo esté en el poder, no se exhibe ni en funciones de medianoche"*, decretó.

— ¿Y usted quién es? —preguntó el hombre.

— Isela Vega, fíjate.

—Temo reconocer que solamente he visto una sola de sus interpretaciones en cine. Y fue precisamente la película recién mencionada la que desató mi inquietud sobre los conceptos morales del acusado. Y no la vi por gusto; lo hice porque era mi deber — admitió el hombre.

—A una persona con cara de rictus, como usted comprenderá, le haría muy bien ver mis películas — opinó Isela Vega.

— Eso no se lo voy a discutir — comentó el Licenciado —. Tengo entendido que todas sus participaciones en cine han pecado de inmorales.

— Si así lo considera, gracias por el halago.

— Por eso las desconozco, preferí jamás verlas. Si se trata de perder el tiempo existen otro tipo de actividades más saludables...

— ¿Como cuáles, por ejemplo?

—Ver películas de clasificación "B".

— O sea, usted todavía no ha crecido. ¿No le parece que usted ya tiene pelos?

— Señor Juez, si me lo permite, yo no quiero discutir con esta mujer.

—Y a mí, señor Juez — se impuso Isela Vega —, me van a escuchar porque me tienen que escuchar. ¿Qué le parece?

El señor Juez, con actitud indolente, le concedió la palabra a la actriz.

— ¡Quíhubo! — exclamó triunfal Isela Vega.

— Bueno, ya que no tengo otra alternativa — dijo el hombre —, aprovechemos a nuestra *encueratriz*...

—Tan *encueratriz* como tu mamacita santa, ¿o a poco te parió con los calzones puestos?

El Juez golpeó con el mazo.

— ¡Orden en la sala! Señora, Licenciado, modérense.

Tras una pausa continuó el hombre con sorna mal disimulada:

— Aprovechemos a nuestra *actriz* para que nos aclare una duda que tengo. ¿Para usted qué es la moral? Digo, porque tanto usted como el acusado parece que viven fuera de los cánones establecidos de la decencia y las buenas costumbres.

Y como Adriana en la imagen final de la película, Isela Vega se reacomodó el zapato de tacón alto de rumbera, y se despidió de Jaime Humberto agitando la palma de su mano.

Jaime Humberto recordó cuando acostumbraba ir a casa de su mamá, quien siempre le recordaba el refrán popular: "No hagas cosas buenas que parezcan malas, ni malas que parezcan buenas". De tanto escuchar dicha recomendación, surgió el concepto del filme, que luego realizaría de manera independiente, con técnicos y actores conformando la primera asociación en participación para la realización de una película independiente, práctica que fructificaría en la formación de varias cooperativas fílmicas. La trama de Las apariencias engañan *comenzaría con otra historia, desde el inicio plantearía el engaño y asentaría la base temática con el primer diálogo: "Quiero un hacha para cortar un cordón umbilical". Para Jaime Humberto era necesario terminar de una vez por todas con las dependencias, tanto familiares, institucionales, sociales y gubernamentales, y estaba dispuesto a hacerlo. Para su nueva historia, volvería al tema de la dependencia entre una persona joven y otra madura, pero cambiaría los sexos. La persona adulta sería un padre inválido y la joven, un hermafrodita. También retomaría el mito del hijo pródigo, pero ahora lo devastaría sin necesidad de metáforas. La sexualidad sería la mejor arma a utilizar, y no le arredraría el mostrar las diferentes preferencias sexuales; es más, aprovecharía el mostrarlas. Se burlaría de las ceremonias religiosas, de las instituciones, del matrimonio, de los que utilizan la bandera de ejercer obras de caridad sólo para enriquecerse, de los que trastocan el lenguaje común del pueblo mexicano para estropearlo con extranjerismos, y sobre todo mostraría el verdadero rostro del sistema político y religioso. Desarrollaría su hazaña por los canales de la comedia y utilizaría los métodos del cine negro, en donde el investigador, un actor contratado, macho oportunista de frágiles principios socialistas, terminaría por ceder en sus posturas éticas a cambio de prestigio, bienestar y poder. La seducción se daría al ir penetrando el personaje machista en un laberinto cada vez más intrincado, y cuyo último espejo develaría la representación viva de su inconsciente: el hermafroditismo.*

— El personaje que interpreta esa mujer que se acaba de marchar — dijo el Licenciado evadiendo nombrar a Isela Vega — dice en su película: *"Lo que más me asusta de ti es tu moral de clase media"*. No entiendo, señor Hermosillo, por qué burlarse de la moral de los nuestros. ¿Acaso no es usted también miembro de la clase media?

— Sí.

— ¿Entonces?

— Yo no tengo nada en contra de la clase media.

— ¿Y por qué insiste en agredirla?

— Yo no la agredo, agredo las normas que nos imponen.

— ¿Quiénes?

— No podría señalarlos como individuos porque carecen de rostro.

— No son personas.

— Sí, pero se escudan en las instituciones: familiar, laboral, de beneficencia y otras muchas más, logrando el anonimato. Las sociedades anónimas son parte de la modernidad.

— Por lo visto, usted tira pedradas al aire y no importa quién quede descalabrado. ¿No es así?

Jaime Humberto se encogió de hombros.

— Las dos chicas de *Amor libre* — comentó el Acusador — son típicas de clase media; sin embargo, practican el amor libre. La moral clasemediera, como usted la nombra, parece no surtir efecto en estas dos muchachas. ¿Por qué el giro tan rotundo?

— Porque son libres — aclaró el acusado.

— Ah, ahora entiendo.

— Son mujeres independientes. No viven en el seno familiar, ellas han creado un universo propio.

— Sí, propio para vivir en el degenere. Y efectivamente, estas muchachitas lo que menos tienen es moral, tan es así, que una le arrebata el novio a la otra. Eso demuestra una ausencia total de escrúpulos. Por eso se queda sola una de ellas, mientras la otra parece iniciar su vida por las nubes de la promiscuidad. Definitivamente es otra más de sus películas de planteamientos dudosos. Y no me vuelvan con el cuento de que se trata de una comedia. Porque ahora resulta que se escudan en este noble género para defender sus cochinadas.

— *Amor libre* es un melodrama que yo escribí — aclaró Francisco Sánchez —. Y debo confesarle que a mí me satisfizo mucho la dirección de Hermosillo. De modo que si algo tiene en contra de mi historia, estoy yo aquí para defenderla.

— ¡Ah! Entonces según dice usted, *Amor libre* no es una comedia — recalcó el Licenciado.

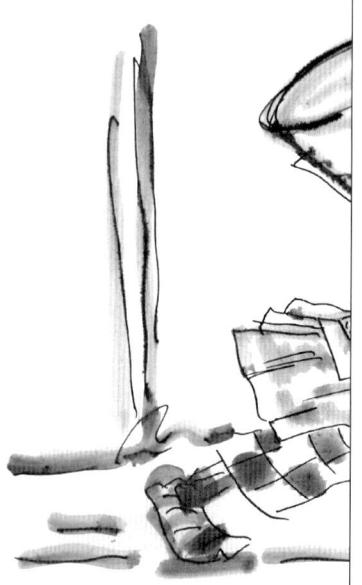

— No — afirmó con aplomo Francisco Sánchez.

— ¿Y por qué parece comedia? — preguntó el Acusador —. Lo digo porque el público se ríe.

—Tiene el tono ligero de la comedia — comentó Francisco Sánchez —. Es más, toca los contornos de la comedia musical. Ese aire desenfadado es como el viento de la juventud. Y he ahí el acierto de Jaime Humberto. Tanto él como yo vivimos el cambio radical generacional de los años sesenta. Entonces éramos jóvenes y no escapamos a las propuestas de Amor y Paz tan difundidas. Mi guión de *Amor libre* es resultado de este importante suceso. Hacer el amor y no la guerra era el símbolo de nuestras pancartas. Mis jóvenes personajes, dos chicas independientes, interpretadas por Alma Muriel y Julissa, viven plenamente estos conceptos filosóficos, que se filtraron y cautivaron a las nuevas generaciones.

— Hasta el momento no me ha explicado por qué no es comedia — lo interrumpió el Licenciado.

— No es comedia porque no lo es, simplemente.

— No entiendo.

— Porque no se trató de ridiculizar a estas dos mujeres. Si algunos rayan en el ridículo no son precisamente ellas, sino la esposa de uno de los amantes y alguno que otro galán; pero cuidado, ellos no son los personajes protagonistas. Mi historia es una película feminista; en ningún momento quisimos cuestionar su libertad sexual, por el contrario, la aplaudimos, la revitalizamos. La tensión dramática la centramos en la amistad entre ellas, y preferimos darle más énfasis a los intercambios de roles, que tanto acontecen en las relaciones humanas. La simbiosis de personalidades correspondió muy bien a la puesta en escena. Hay momentos en que más que mirar a la compañera, pareciera verse ella misma reflejada en un espejo. Y con sus desplazamientos crean las muchachas una coreografía armoniosa, símbolo de la enorme amistad que las mantiene unidas. En mi historia, la problemática social no tiene tanta importancia; se trata de un melodrama, pues los nobles sentimientos están por encima de todo. El género romántico de mi historia exalta la amistad. El ideal romántico es capaz de vencer cualquier obstáculo que se interponga. Ni la supuesta traición, por el novio en disputa, fue capaz de derrumbar el noble sentimiento entre las amigas. Por eso, hacia el final del filme, cuando se define el género, el tono es más sereno, melancólico. El melodrama es uno de los géneros favoritos del público mexicano. Y debo decirle que nuestra película fue muy taquillera. El público acudía a verla más de una vez, para divertirse con las travesuras de mis dos heroínas, y para disfrutar también la sensación de libertad que transmitían las escenas en el departamento en la azotea, casi todo de cristal, donde Julia y July se movían como peces en el agua.

Francisco Sánchez partió con la libertad de un avión en pleno vuelo.

♠ Julissa en *Amor libre*.

Jaime Humberto recordó cuando les entregó los guiones a Julissa y a Alma Muriel para que empezaran a estudiar sus personajes. Algo parecía no agradarles del todo. El director, temeroso, les preguntó que si no estaban muy convencidas de trabajar en la película. Ellas de inmediato afirmaron que sí, sólo que querían hacerle una propuesta: Julissa le expuso a Jaime Humberto que ya estaba cansada de que siempre la invitaban para representar personajes de la bien portada, de la chica seria. Por su parte, Alma Muriel explicó que a ella generalmente le daban los papeles de prostituta, de mujer fatal, de devoradora de hombres. Lo que ambas deseaban era cambiar los roles propuestos, que Julissa mejor interpretara a la chava liberada y Alma Muriel a la muchacha seria. Jaime Humberto aceptó el reto, y juntos se lanzaron a la aventura de filmar Amor libre.

El aire es el elemento de Jaime Humberto, por eso adora los barcos, los naufragios, los aviones, las despedidas, revitaliza al fuego, crea el movimiento necesario y constante para evitar estancamientos. Cansado por la pesadilla del juzgado, se vio entonces navegando entre nubes, por encima de los rascacielos, acariciando los mares para levantar sus olas, colándose por las ventanas, entrometiéndose en los recintos más íntimos de la sociedad, y no para causarles daño gratuito, sino para otorgarles la ventilación necesaria y vitalizadora. Pero cuatro altas y gruesas paredes, una bóveda sólida y un piso firme estaban a punto de atraparlo. A él, el eterno enamorado de la libertad. El grupo de personas dedicadas a la conservación de la moral y las buenas costumbres estaba ansioso por acabar con ese viento que les provocaba tantos desaires, tantas incomodidades. Por eso lo tenían ahí, atrapado en el banquillo de los acusados. Jaime Humberto sintió de nuevo sofoco, pero no podía hacer nada, seguía paralizado. Los que lo acusaban sabían que él detestaba el encierro, la inmovilidad, que amaba la vida sedentaria, los espacios abiertos y las ventanas con vista al mar. Él sabía que aquellos que lo señalaban con repudio, lo odiaban por saberlo partidario del amor libre.

— Yo ya no entiendo nada — opinó el Licenciado —, resulta que la que parece comedia no lo es y la que me parece un producto infernal, sí.

— Buenas tardes — dijo un tanto tímida Claudia Cecilia Alatorre.

Jaime Humberto la miró y pensó que se trataba de otra desconocida en contra de sus películas.

— No creo que te acuerdes de mí — le dijo a Jaime Humberto —, pues ha pasado mucho tiempo. Soy Claudia Cecilia Alatorre, la autora del libro *Análisis del Drama*.

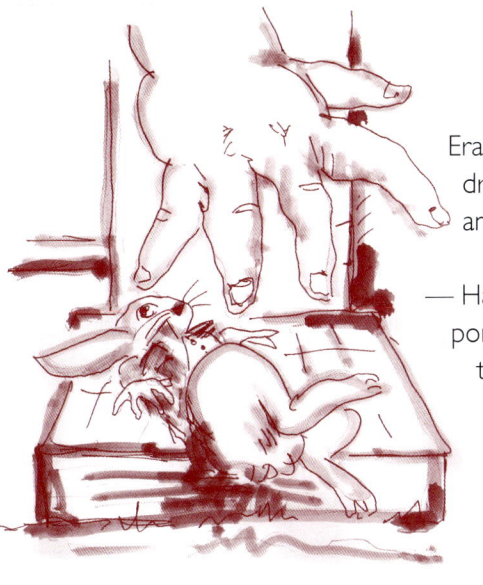

Era un libro de cabecera para Jaime Humberto, utilizado para definir el género dramático de sus películas durante los últimos dieciséis años. Le sonrió amigablemente a Claudia.

— Hace tiempo que dejé de vivir en Guadalajara — informó Claudia Cecilia—, por eso ya no sabía de ti, solamente a través de los periódicos o estrenos de tus películas. Espero no ser inoportuna.

— Cualquier persona que quiera opinar en favor o en contra de la obra del acusado, es bien recibida — expresó amablemente el Juez.

— Gracias — respondió ella de forma tímida, luego miró al Licenciado y después se dirigió concretamente a Jaime Humberto —: A mí me gustaría mucho comentar sobre todas tus películas, pero sé que eso es imposible aquí, en este juzgado.

—Tanto tiempo sin saber de ti — le comentó Jaime Humberto —, me da gusto verte.

— Hace algunos años que dejé de transitar por estos lares — dijo Claudia Cecilia—. Consecuencias del destino.

— ¿Y cómo te ha ido?

— Bien. Dedicada a otros quehaceres, para no aburrirme. Donde ahora estoy no existen conflictos, ni siquiera entre mis vecinos. Ni la dinámica del drama, ni el teatro, ni el cine.

— Pero si era tu profesión el análisis dramático — le comentó Jaime Humberto, de eso vivías.

— Ya no. Ahora vivo de la contemplación. Para estar aquí, pedí un permiso. Creí que no me lo iban a conceder. Ya ves, no es tan fácil romper esquemas. Yo sé que en esto tú sí me comprendes bien.

— Qué bueno que viniste — le agradeció Jaime Humberto.

— Además, tenía ganas de conflictos. Me revitalizan, me hacen sentir en casa. Estoy tan emocionada: este juzgado, el Licenciado, los que están en contra, los que están a favor. Y tú ahí sentado, en espera del veredicto. Ay, Jaime, la verdad es que te tengo algo de envidia. A mí me encantaría estar en tu lugar, sobre el banquillo de los señalados.

— Es evidente que usted viene en calidad de defensora — opinó el Licenciado.

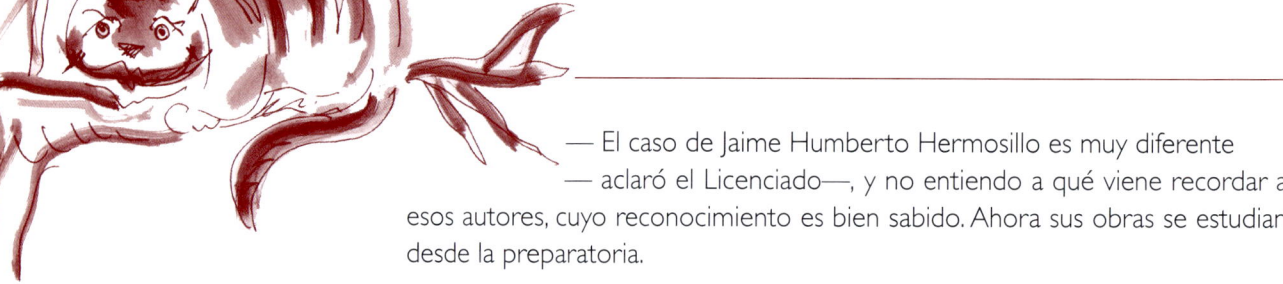

— El caso de Jaime Humberto Hermosillo es muy diferente — aclaró el Licenciado—, y no entiendo a qué viene recordar a esos autores, cuyo reconocimiento es bien sabido. Ahora sus obras se estudian desde la preparatoria.

— Sí, pero en su momento fueron satanizadas — aclaró Claudia Cecilia.

—Tengo entendido que varias de las películas del acusado han sido exhibidas en el país — aclaró el Licenciado — ...y sin problemas de censura.

— Sobre todo las que pertenecen a los géneros románticos. Las que no, curiosamente, son las que más han intentado ocultar: *Las apariencias engañan*, *Doña Herlinda y su hijo*, *Intimidades en un cuarto de baño*...

— ¿Qué me dice respecto de *María de mi corazón*? — la interrumpió el Licenciado —. ¿Estuvo prohibida por ser clásica?

— No, ésa no fue la razón.

— ¿Ah, no?

—*María de mi corazón* es romántica, hasta el título mismo lo indica. Su prohibición no se debió a lo temático, su restricción se llevó a cabo debido a la propuesta repetida por Jaime Humberto: la cooperativa fílmica. Un verdadero atentado en una sociedad capitalista.

—No considero que la cooperativa haya sido el problema — aseguró el Licenciado. Ella implicaría simplemente una forma diferente de hacer cine.

— Pero una manera peligrosa de expresión libre — especificó Claudia Cecilia —. Y esto a las autoridades no les agradó mucho. Ni tampoco a los productores establecidos. Era dar cabida a un tipo de cine con presupuestos bajísimos, en comparación con el que ejercían las realizaciones de aquel entonces. Y de calidad superior. Hacía evidentes sus ya gastadas formas de producción. Imagínese el ego de los empresarios o funcionarios que se sentían afectados por la supuesta competencia desleal. De modo que movieron piezas estratégicas para castrar este tipo de producciones. ¿Cómo? Simplemente evitaron su distribución comercial, basándose en argumentos como el que esa clase de películas poco tenían de interés para el pueblo de México. En las épocas de *María de mi corazón*, en el país florecieron los cineclubes que programaron material de otras cinematografías del mundo, como una alternativa a las salas comerciales, que prácticamente exhibían sólo cine *hollywoodense* y el llamado *cine de ficheras*. Fue en los cineclubes donde el público pudo ver *María de mi corazón*.

— ¿Entonces no es clásica? — preguntó el Licenciado.

— ¿Qué?

— *María de mi Corazón*. ¿Es o no clásica?

— No, es romántica — respondió Claudia Cecilia.

— ¿A pesar de ser realista?

— Parece realista, pero no lo es. En la realidad, una mujer con la cordura de María no hubiera terminado confundida con las locas del manicomio. Las piezas están armadas con habilidad por sus autores, para que funcione la historia de amor entre Héctor y María. Ella queda recluida en el hospital psiquiátrico, no por culpa del destino, como bien lo manejan los autores clásicos, sino por absurdos o *accidentes del destino*, que es muy diferente. María no redime con su estancia en el hospital actos que merezcan ser redimidos, valga la redundancia. Ella es un ser simple, sencillo, que permanece ahí por motivos sentimentales, en espera de que Héctor reconozca su error y la rescate. Es una historia de amor, de equívocos, realizada para conmover. ¿Que es antipsiquiátrica? Imposible, no puede llegar a serlo. En la época en que está ubicada la historia, estos tratamientos médicos no eran medievales. ¿Que es antifascista? Tampoco. Estos últimos dos tintes solamente están utilizados para hacer más dramática la separación de los amantes. El tratamiento esquemático de dichas organizaciones, hasta cierto punto forzado, no corresponde ni a la realidad psiquiátrica, ni a la fascista, sirven solamente de telón de fondo para hacer conmovedora la historia de amor.

— A mí me gusta *María de mi corazón* — admitió el Licenciado —. Y debo aclarar que no es por esta película que se le acusa al señor Hermosillo. Aun lo que podría parecer obsceno, no lo es, pues Héctor y María viven plenamente su relación de jóvenes enamorados. Los elementos mágicos le otorgan un toque especial, la música de Luis Alcaraz, *Viajera*, incita a la pareja a bailar. La sugestión del acto amoroso, mientras ellos están en la azotea, a través del metro que se introduce en el túnel, es sublime. La boda y el juego travieso de María, haciendo aparecer las arras por medio de la magia, son encantadores. Cuando Héctor quema el vestido de novia, es poético. El suspenso creado por el teléfono que timbra y se tardan en contestarlo, es *hitchcockiano*. Y sus hijos, los conejos Julia y Lalo y la paloma Leti, son conmovedores. Y cuando Héctor aparece en el hospital, vestido de mago, tal como ella misma lo deseó, es precioso; pero cuando nos damos cuenta que Héctor no llegó precisamente para rescatarla, sino para asumir, como los demás, el estado de supuesta locura de María, es como una daga en el estómago. Nadie en la sala pudimos quedar indiferentes ante la separación de los enamorados. Cuando se da cuenta que Héctor también la considera loca, María por fin se integra al juego de la locura.

— La película está plagada de naturalismo — dijo Claudia Cecilia —: el ladrón que se peina antes de penetrar las casas ajenas; el tener toda clase de sistemas de seguridad para proteger sus pertenencias; la mochila con dibujo del rostro del *Che* Guevara; con el tatuaje de la Virgen de Guadalupe en la espalda del amigo en el gimnasio, y muchos detalles que enriquecen el desarrollo de la historia. El naturalismo está todavía más implícito en el estilo de actuación de todos los actores, el trazo de la dirección, y no digamos las otras áreas como lo son fotografía, sonido y ambientación. Todo esto da una apariencia realista a la historia, aunque el desarrollo dramático no lo sea. Todos los géneros dramáticos son buenos, y *María de mi corazón* es un buen ejemplo del romanticismo. Bueno, tengo que regresar a mi colonia, en donde desafortunadamente ya no existe la dinámica del drama. Adiós.

Claudia Cecilia Alatorre partió apresurada, como si el tiempo se le acabara.

♠ María Rojo y Héctor Bonilla en *María de mi corazón*.

Luis Zapata convidó a Jaime Humberto a levantarse del banquillo de los acusados. La atmósfera amistosa que entre ellos se creó, produjo un guión para Lucha Villa y Juan Gabriel, pero los vientos transcurrieron sin que se levantara el proyecto. La llovizna arreció en contra de ellos y los obligó a olvidar por el momento la historia que juntos habían realizado. La semilla del interés por trabajar en colaboración no se destruyó, permaneció en perfecto estado latente. Cuando las nubes se dispersaron, la paz invadió sus espíritus. Luis Zapata vivía en Cuernavaca y Jaime Humberto en la ciudad de México. Un viento perdido le entregó a Jaime Humberto el libro De pétalos perennes, *escrito por el entrañable amigo Luis Zapata. Jaime Humberto lo leyó y descubrió que se trataba de una historia que bien pudiesen haber escrito entre los dos, un diálogo entre una señora madura y su sirvienta joven. Era la temporada vacacional navideña, de modo que sin pensarlo, Jaime Humberto emprendió el vuelo y decidió aterrizar la historia en la realización del filme. No había productor, pero con el ímpetu de la amistad lograron crear una cooperativa. Por fortuna, la historia era minimalista. No había necesidad de escribirla para guión cinematográfico, el libro mismo servía de guía, y solamente necesitaban a dos grandes actrices, una residencia, un equipo mínimo y unos cuantos días de filmación. Arribaron a Cuernavaca María Rojo, Beatriz Sheridan y el personal técnico y artístico. Realizar un filme de cámara (en el sentido en que se dice música de cámara) era perfecto en época de vacas flacas. Finalmente, se unió don Manuel Barbachano Ponce, y asumió solo los gastos necesarios de la producción en 16 milímetros. El filme tendría el título de* Confidencias, *inspirado en el nombre de una popular revista dedicada a publicar cartas de personas a la busca de amor o de amistad.*

— Hacer cine independiente se convirtió para usted en una adicción, señor Hermosillo — comentó el Licenciado —. ¿Por qué recurrir a este esquema de producción y no afiliarse con los productores tradicionales ya establecidos?

— Salvo honrosas excepciones, el tipo de cine que ellos hacen no me interesa — respondió Jaime Humberto.

—Y por lo visto a ellos tampoco les interesa el que usted hace, de lo contrario lo apoyarían para producirle algunas de sus propuestas cinematográficas. Otra película suya, hecha de manera independiente fue *Confidencias*. ¿Qué sucedió con ella? Un fracaso rotundo. Poco se exhibió. Casi nadie la conoce. Además, es un filme pesadísimo. El séptimo arte, señor Hermosillo, es un espectáculo visual. *Confidencias* es prácticamente un monólogo claustrofóbico. Sólo a usted se le ocurrió hacer una película así. Con sólo dos actrices, y en una austera casa para hacerla todavía más densa. Y para rematar, una es la que habla todo el tiempo, divagando entre afirmaciones y contradicciones y la otra, o sea la sirvienta, sólo responde con puros sí, señora; no, señora; sí, señora; no, señora. ¡Por Dios! Parece que usted olvidó los fundamentos del cine, cualquiera diría que no aprendió nada en el CUEC. ¿Usted cree que el público pueda resistir una película con esas características? Por supuesto que no. Y ahí está la prueba: el fracaso fue rotundo.

♠ María Rojo y Beatriz Sheridan en *Confidencias*.

— Para mí fue un honor que Jaime Humberto filmara mi historia — afirmó Luis Zapata — *Confidencias* fue el arranque del estilo minimalista que Jaime Humberto desarrollaría luego con mucho más rigor: *La tarea, Intimidades en un cuarto de baño, Encuentro inesperado*. A Jaime Humberto debieran otorgarle un premio por haber sido iniciador del cine minimalista y de los productos cinematográficos más económicos del país y en una de ésas, del mundo. Y conste que de por sí el cine mexicano es muy económico en comparación con otras cinematografías del mundo. *Intimidades*... se rodó en cuatro días; *El aprendiz de pornógrafo*, se grabó en los cincuenta minutos que dura el video; *La tarea* se filmó en una semana. Todas ellas no son documentales, sino historias de ficción, vale aclararlo. Ahora, publicitan a ocho columnas aquellas películas cuyos presupuestos son austeros. Más austeros que los de estas películas de Hermosillo, lo dudo. Y tampoco estoy de acuerdo con usted, señor Licenciado, en eso de que *Confidencias* fue un rotundo fracaso. Beatriz Sheridan se ganó el Ariel a la mejor actriz. El trabajo interpretativo de ella y de María Rojo es estupendo. Jaime Humberto es un director que gusta del plano secuencia, y *Confidencias* está resuelta así. ¿Y quiere saber por qué los prefiere por encima de cualquier otra manera de filmar? Porque el plano secuencia le permite coreografiar la puesta en escena, captar con más fidelidad el palpitar propio de la acción; le gusta sentir cómo respiran sus personajes y ver cómo se desplazan en sus espacios. Con la cámara capta su vitalidad y trata de penetrar aún más allá de lo que sus simples gestos dictan. Por eso acosa a sus personajes. A las dos mujeres de *Confidencias*, prácticamente las desnuda del alma, deja entrever sus perversidades y los orígenes de su inocencia. Penetra en su inconsciente para revelar los recintos más íntimos de sus pensamientos. No se le puede acusar a Jaime Humberto de violador, no señor, sino de indagador. Además, las actrices le conceden todo el derecho de hurgar en los mecanismos que generan su voluptuosidad por sentirse húmedas y colmadas de vida. A pesar de jugar con planos muy cerrados, Jaime Humberto no pierde el sentido del espacio, de los movimientos ni de la coreografía. Las mujeres de *Confidencias* son como dos pétalos que se mecen al compás del viento, se estremecen con la humedad, se resecan y se marchitan con la intemperie; y están ávidas por hospedar a cualquier insecto ajeno. Una sobrevive por su astucia, la otra por su inocencia. Ambas son encantadoras y terribles, manipuladoras y chantajistas. Las diferencias se pierden, y los juegos de poder cambian de estrategia y de personaje. Es una obra compleja: juventud y madurez, astucia e inocencia, soledad y compañía, patrona y empleada, patriarca ciego es asesinado por el joven que le arrebata a la pareja; éste es el único que no carece de alguna de sus partes físicas, impedimento para aspirar al amor de su vida: una sordomuda. Para acceder a ella, se saca los ojos como Edipo Rey. Los límites entre normalidad y anormalidad se pierden. El que parecía normal termina sumergido en un universo caprichoso de anormales, quienes por convertirse en mayoría, transforman las reglas y entonces el normal deja de serlo y se convierte en minoría. Con el acto de extirparse los ojos, el joven conquista a su amada, reniega de su marginación por ser una persona *normal*, y se adhiere al grupo mayoritario: los minusválidos. Dígame, señor Licenciado, ¿no es esta película un discurso fundamental sobre la pérdida de fronteras entre normalidad y anormalidad? De manera que hasta los desnudos, que a usted le parecen anormales, dentro del capricho creativo de Jaime Humberto y José de la Colina son manejados de una manera completamente normal. ¿Acaso en el universo onírico no sucede lo mismo? Ya no digamos en el real y tangible. Para mí, el que usted tenga brazos lo hace parecer un personaje defectuoso. La belleza, desde mi muy particular punto de vista, radica en los que carecemos de ellos. ¿O no? ¿Quién dicta las normas? ¿Quién impone los modelos? Espero que al menos no sea una persona como usted, porque entonces quedaríamos afectados y marginados una enorme mayoría, y eso sería injusto en un país donde supuestamente rige la democracia.

♠ Marcela Camacho y Pedro Armendáriz en el *Corazón de la noche*.

— Para mí lo normal es lo establecido, las leyes que imponen las normas. No crea que es tan fácil dictar leyes, se lo digo como licenciado que soy. Antes se hace un estudio muy riguroso sobre las necesidades de orden que requiere y exige la misma sociedad. Y efectivamente, tiene razón: la película del acusado, *El corazón de la noche*, es una falacia, un producto creado por mentes distorsionadas. Mírese usted, sin brazos. ¿Por qué tener que mostrar personajes que podrían rayar en lo patético? En el arte griego, por ejemplo, qué belleza de cuerpos. ¡Impecables! Ellos gustaban de la perfección. El arte, sin duda también la busca. ¿Usted cree que exista belleza en una película donde la mayoría son minusválidos? No me venga con cuentos, Señor Sin Brazos.

¿Y qué me dice de la Venus de Milo?

— Ella perdió los brazos con el tiempo. Fue creada con todas las partes de su cuerpo. Ahora solamente apreciamos los restos.

— Y aún así sigue luciendo bella. La estética, señor Licenciado, va más allá de la que impusieron los griegos.

— ¿Usted apareció para hablar en favor de los desnudos en los filmes del acusado?

— Estoy aquí para defenderlo.

— Con argumentos no respaldados.

— Realidad e irrealidad es un simple juego creativo. Ninguna obra está fincada en la realidad estricta, y las que se jactan de irreales tienen sus cimientos en la realidad tangible.

— Otra película del acusado: *Why Don't We?* es un cortometraje hecho para defender las sinvergüenzadas de las chicas danesas. *Danish Girls Show Everything, Why Don't We?* afirma el señor Hermosillo con este cortillo.

— Esa película también está inspirada en un mito.

— ¿En cuál? Si me lo pudiera aclarar.

— En *El flautista de Hamelin*.

— Claro, pero en lugar de atraer a las ratas o a los niños, el descarado flautista desnudo recorre la ciudad de México para convidar a los hipnotizados a quitarse la ropa. Y termina seguido por una multitud de nudistas.

— Hasta a la monja que los acusaba de satánicos, también termina por arrancarse el hábito uniéndose a los nudistas — dijo el Hombre Sin Brazos.

— ¿Le parece lógico eso?

— No es una historia lógica, es una simple anécdota propagandista para defender a las mujeres danesas de los ataques *dizque* por carecer ellas de pudor al posar desnudas para fotos o videos. Nada más. Y además, es una película muy simpática. Es un chiste.

— Un chiste inmoral.

— ¿Y desde cuándo los chistes son regidos por los moralistas?

— Desde ahora.

— ¿Por qué esa necesidad de enjuiciar cualquier acto humano o creativo?

— Le recuerdo, Señor Sin Brazos, que estamos dentro de un recinto de la Ley.

— Tiene razón, Licenciado.

— Me da gusto que por fin me la conceda.

— El que ya no tiene razón para permanecer más aquí, soy yo. De modo que regreso al universo de las ideas. No me despido de usted, Jaime Humberto, al fin de cuentas estuve aquí porque usted me creó. Adiós, Licenciado.

♠ Humberto Pineda en
Why Don't We?

Jaime Humberto recordó cuando filmó Why Don't We? *Precisamente en el momento en que tuvo que burlar a las autoridades del Distrito Federal, para poder filmar, sin pedir permiso, las escenas de desnudos ubicadas en céntricas avenidas de la ciudad; un vecino, al ver el grupo de nudistas transitar por las calles a pleno mediodía, "dio el pitazo" a las autoridades, y de inmediato dictaron orden de aprehensión contra los inmorales. Norma Hilda Castañares, amiga, comadre y encargada de la producción en varias películas de Jaime Humberto, logró distraer a los policías, mientras los compañeros actores huían, se vestían o se refugiaban en escondites estratégicos, burlando así la orden de arresto. Para el último plano del cortometraje, Jaime Humberto pidió se filmara, además, a todo el personal técnico y artístico, él incluido, también sin ropa. Mostrarse desnudos, al unísono con sus actores y como las chicas danesas, le otorgó al director una afable sensación de auténtica solidaridad. Desafortunadamente, la luz del día se esfumaba al momento de filmar, y el resultado careció de la calidad técnica necesaria, por lo que en la edición se vieron forzados a eliminar esta toma. Y así, el plano con el propio Jaime Humberto y sus colaboradores desnudos detrás de la cámara, nunca llegó a las pantallas. De cualquier forma, el cortometraje tuvo una entusiasta acogida de parte de los productores daneses y del público.*

Hubo un momento de silencio. El Juez permanecía estático en su cumbre detrás del escritorio. Jaime Humberto se puso de pie y fue a la fuente a beber de sus aguas. El Licenciado revisó los expedientes de los demandantes. Cuando Jaime Humberto regresó, justo después de sentarse, el Licenciado se dirigió a él:

— Su estancia en la ciudad de Guadalajara, según mis expedientes, es una de las etapas más difíciles que usted pasó, ¿verdad?

— Pese a algunas cosas, yo la considero una de las etapas más felices de mi vida — aclaró Jaime Humberto.

— Afortunadamente, los tapatíos supieron renegar de usted, justo antes de que siguiera produciendo sus leperadas cinematográficas con la gente de ahí, y aprovechándose de los presupuestos destinados a la cultura de esa noble ciudad. Un triunfo más de los jaliscienses. ¡Bravo! Dígame, señor Hermosillo, ¿por qué su fracaso en Guadalajara? Me gustaría mucho escuchar su versión.

—Yo no fracasé en Guadalajara — dijo Jaime Humberto.

— ¿Ah, no?

— No.

— Entonces, las demandas en contra suya no son válidas, según usted.

— ¿Cuáles demandas?

— ¡Muchas de éstas! — y le mostró la carpeta llena de hojas —. ¿Qué responde al respecto?

— Mejor dígame quiénes son los que me demandan, para poder saber al menos.

— A los demandantes, por respeto, se les concedió el don del anonimato. De modo que lamento mucho no poder revelar sus identidades.

— ¿Entonces no tengo derecho a conocer a mis demandantes? — preguntó Jaime Humberto con una espléndida sonrisa en sus labios.

— No. Pero seguramente usted sabrá identificarlos en base a las atrocidades cometidas. Hay un aspecto que me intriga mucho: ¿por qué se fue a vivir a Guadalajara?

— Porque me pareció una bonita ciudad.

— ¿Nada más por eso?

— Sí, nomás. ¿Tienen que existir otros motivos?

— No. Pero yo pensé que sus impulsos de cambiar de ciudad habían correspondido a otras causas, más íntimas, más afectuosas, digamos más personales... Pero si usted dice que fue porque le pareció bonita la ciudad, bueno, es una respuesta lógica. ¿Y por qué ya no vive ahí?

— Porque no hay mucho que hacer. Guadalajara es una ciudad estupenda y goza de buen clima, pero su actividad cultural es muy limitada. Ahora prefiero Toronto.

— A pesar del mal clima.

— Nada más en el invierno. Pero culturalmente tiene mucho mejor nivel.

— Le entiendo. Pasa temporadas en Canadá y temporadas en el Distrito Federal...

— Y cuantos días puedo en Guadalajara.

— Ah, entonces sigue yendo a Guadalajara.

— Sí, a visitar a Desdémona, a Traviata, a Sófocles, a Tosca y a Arturo.

— ¿Y quiénes son todos ellos?

— Cuatro gatitos y un amigo.

— Cuatro gatos...

— A Bellissima le gusta ir a visitarlos.

— ¿Y quién es Belísima? —Anotó algo. Jaime Humberto se dio cuenta y le aclaró:

— Se escribe con doble ele y doble ese. Es mi gatita.

— Entonces, a usted le gustan los gatos.

Jaime Humberto respondió con un gesto afirmativo.

— Y Arturo es el amigo tapatío, supongo.

— Sí.

— Arturo es el culpable, según los demandantes, de que usted se haya ido a vivir a la ciudad de Guadalajara.

— Bueno, nadie me llevó a la fuerza.

♠ Arturo Villaseñor y Jaime Humberto Hermosillo. Foto de Lourdes Almeida.

— Responda con un sí, o un no.

— Entonces sí, en cierta manera, pero no encuentro motivo de culpabilidad por eso.

— ¿Y por qué no lo dijo antes?

— ¿Qué...?

— De que se fue a vivir a Guadalajara por culpa de Arturo.

— Me acusan por mi obra cinematográfica, no por mi vida personal. Al menos eso es lo que hasta ahora tengo entendido.

—Tiene razón, discúlpeme... Pero... hay algo todavía que no me cuadra en base a la amistad que usted sostiene con Arturo. Por lo visto, varias de las demandas también lo incluyen a él. Me gustaría que me aclarara cuál es la verdadera relación que existe entre usted y el amigo jalisciense. No es tanto que me interese directamente su vida personal, pero en este caso, al parecer su amigo ha tenido poco o mucho que ver en varias de sus últimas películas. Ha trabajado como asistente de dirección, como actor, también como guionista y como el colaborador más cercano en sus dos más recientes películas. ¿Es acaso un consejero o qué demonios es precisamente lo que los mantiene unidos? Arturo Villaseñor parece ser todo y a la vez no lo es. O es el que está detrás de usted, sin dar la cara, durante los últimos dieciocho años, o es simplemente un apoyo y, efectivamente, no es nadie importante y los créditos otorgados son caridad al amigo que nunca alcanzó una gloria artística como la suya. ¿Entiende lo que quiero decir? Me gustaría que me aclarara este aspecto. ¡Bueno! Que nos lo aclarara, porque también está el Juez.

Anne-Marie soltó la risa.

— ¿De qué se ríe?

— De lo que dijo: que trataba de puras orgías.

— ¿No está de acuerdo conmigo?

— No — y siguió atacada de risa.

— Señora Anne-Marie, no quiera parecer ingenua con su risita.

— Más bien son ustedes los censores los que pecan de ingenuos.

— Si usted fuera madre de familia, ¿le gustaría saber que uno de sus hijos va a una escuela donde le enseñan a filmar pornografía?

— *Clandestino destino* no es pornográfica.

— ¿Ah, no?

— Por supuesto que no. ¿Y si lo fuera qué?

— Sí lo es. Al menos es lo que reclaman los demandantes.

— ¿A usted le molesta la pornografía?

— De sobremanera.

— Pues entonces no la vea, y asunto resuelto. Aprenda a ser tolerante con las personas que la disfrutan. Recuerde que somos adultos, señor Licenciado.

— Claro. Lo entiendo. Por eso usted forma parte del "club selecto" del acusado. Si fuera una persona más comprometida con los valores de la sociedad, le aseguro que jamás hubiera sido amiga de Jaime Humberto, ni de Villaseñor. Pero bueno, qué puede esperar uno de una agrupación de tal índole.

— ¿Cuál agrupación? — Anne-Marie, más que enojada, estaba muy divertida.

—Ésa que ustedes conforman, y que los mantiene muy unidos a pesar de estar desperdigados por el mundo.

—Si usted lo dice —opinó Anne-Marie Meier todavía sonriendo.

—Tengo entendido que también da clases de cine en otro Instituto.

—Sí, de guión y apreciación cinematográfica —afirmó ella.

—Existe una verdad y hay que reconocerla: Jaime Humberto llegó a Guadalajara para incendiarla con inmoralidades. Espero que en esto sí esté de acuerdo conmigo.

—El eterno dilema entre moral e inmoralidad. El arte es amoral, señor Licenciado. Pero si usted quiere encasillar a la obra de Hermosillo como inmoral, bueno, pues sí, le concedo la razón, y me da gusto que desde su perspectiva así lo vea. Yo por eso simpatizo mucho con Jaime Humberto, porque le gusta chingar, poner el dedo en la llaga, su cine es una crítica precisa a los convencionalismos. Y la manera más inteligente y sana de chingar al sistema es por medio del arte.

—Por eso salió huyendo de Aguascalientes y de Jalisco, antes que la sociedad lo linchara.

—Y no salió huyendo. Simplemente se fue porque se cansó de luchar contra las instituciones, que en lugar de apoyar los logros, empezaron a obstaculizarnos. Y no es la sociedad *hidrocálida* o tapatía quien no lo quiere, sino los representantes de las diversas instituciones dichas ciudades, que cambian de parecer a cada rato. La prueba está en que a un cambio de gobierno en Aguascalientes, le otorgaron las llaves de la ciudad a Jaime, y poco después, impidieron el estreno de *La tarea* en teatro. Ah, y *De noche vienes, Esmeralda* obtuvo el premio del público tapatío. Jaime Humberto no tenía ninguna necesidad de colaborar con la cultura en Jalisco, y sin embargo lo hizo con gusto y total entrega. Gracias a su

estancia en Guadalajara, todavía existe la Muestra de Cine Mexicano, todo un éxito para la proyección internacional de nuestro cine. Y la escuela de cine tiene ya nivel de licenciatura — dirigiéndose a Hermosillo —. Nuestra semilla fructificó — y con el dedo pulgar hacia el cielo, le señaló un "*viva*" —. Ay, Jaime, me tengo que ir corriendo a dar mi clase. Nos seguimos comunicando por *e-mail*. ¡Suerte!

Jaime Humberto no pudo evitar recordar a las amistades que tuvo durante la primera etapa de su estancia en Guadalajara. Pronto, la mayoría se alejó con diversos pretextos. Jaime Humberto no lamentó el suceso, por el contrario, le dio gusto que ellos mismos se retiraran la máscara para mostrar el verdadero rostro del oportunismo. La calidez, admiración y respeto siempre manifiesto del público tapatío y los amigos que lo apoyaron en momentos críticos, le eran suficientes para reconfortarlo y para reafirmarle que el afecto, cuando es auténtico, perdura.

— La primera película que usted realizó en la ciudad de Guadalajara fue *El corazón de la noche*.

— Sí — respondió Hermosillo —; aunque solamente utilicé su escenografía. Actores y personal técnico y artístico eran de la ciudad de México.

— Entonces no se puede considerar una película tapatía.

— No.

— ¿A partir de cuál sí?

— A partir de *Doña Herlinda y su hijo*.

— ¿Por qué?

— Porque la mayoría de sus participantes son tapatíos. El mismo cuento de Jorge López Páez, de donde tomé el argumento para mi película, sucede en Guadalajara. Yo mismo viajé allá para impregnarme de las costumbres de esa ciudad. Fue cuando conocí a Arturo, y fue él quien me mostró lo más típico de la ciudad.

— Con esta película usted sacó del *closet* a los homosexuales tapatíos. Cuando usted filma sus argumentos ¿nunca piensa en que puede herir susceptibilidades?

Jaime Humberto simplemente le sonrió.

— Pues por esta película, señor Hermosillo, tiene muchas demandas. Una, por presentar a una madre de clase media alta como manipuladora, propiciatoria, alcahueta y encubridora de los degeneres del hijo. Usted de nuevo se burla de las bellas tradiciones familiares, como lo son la petición de mano, la boda, el bautismo. Es prácticamente un manual para que los homosexuales sigan practicando sus desviaciones sin que sean castigados o señalados por la sociedad. Y eso de mostrar desde el inicio de la película al par de hombres besándose y platicando tranquilamente sus porquerías. No, y no nada más eso, sino que se regodea en sacarlos en la cama, agasajándose, mostrando sus vergüenzas y hasta los aditamentos para la realización plena de su sexualidad, como es el tarro de crema. ¡Qué barbaridad! Por fortuna esta película suya fue prácticamente prohibida en este país; sin embargo, se exhibió mucho en los mentados cineclubes y circuló en video, que tan fácil escapan a la censura. Y lo peor de todo, consideramos, es que además el par de... *muchachos* son conmovedores. Se ven tan normales, con problemas como cualquier gente; sufren, lloran, extrañan al ser amado, se enamoran y hasta disfrutan de la vida. La iglesia misma admite que existe esta clase de patología, pero a los fieles afectados les ruega abstinencia.

— El que debiera abstenerse de sus comentarios debía ser usted, mi estimado Licenciado — intervino Billie Alba.

— ¡Vaya, tenemos aquí a la fiel amiga de los homosexuales! — exclamó el Licenciado —. ¿Usted también es tapatía?

— No, yo soy del De Efe. ¡Hola, colega! — saludó eufórica al Juez, quien le respondió con una franca sonrisa y un agitar de mano y de inmediato volvió a retomar su estricto gesto parco. Billie se acercó a Jaime Humberto y le besó la mejilla dejándole plasmada la roja huella de sus labios. Y le dijo—: Jaimito, mi amor, me quedé de boca seca cuando me enteré que te tenían aquí. ¡Cómo se atreven a levantarte demandas! ¡Qué bárbaros! Y tú tan lindo, tan inofensivo. Pero no te preocupes, de ésta salimos bien librados. Ay, manito, cuánto te quiero—. Luego, se dirigió al Licenciado —. A ver dígame, cuánto hay que dar de dinero o qué es lo que tengo que aclarar para que a mi Jimmy lo quiten de ese horrendo banquillo. Mira que tenerlo sentado ahí, al pobre. Y Jaime tan chiquito... mi Jimmy...

♠ Marco Antonio Treviño y Arturo Meza en *Doña Herlinda y su hijo*.

— Debería dedicarse usted a la crítica — sugirió el Licenciado en forma irónica.

— Tengo cosas más divertidas en qué entretenerme.

— ¿De qué vive usted?

— De mi simpatía. ¡Además, me encanta viajar! Y no crea que a pueblillos como Sayula, no, sino a las grandes capitales: París, Londres, Nueva York, Tokio...

— Algunos de los que trabajaron en la película de doña Herlinda, según los demandantes, fueron también engañados por el acusado, como es y ha sido su mala costumbre. Tengo entendido que, como usted, algunos tampoco eran actores. ¿Usted sabía del engaño al que el acusado orilló a varios? Porque ellos simplemente fueron invitados por sus características físicas a participar en la película, pero desconocían la clase de propuestas degeneradas que implicaba el filme.

— No los engañaron, todos bien sabíamos de qué trataba la historia. Además, cuando estuvo la película en Nueva York, nada y nada menos que en el Museo de Arte Moderno, todos los que trabajamos nos sentimos muy orgullosos. Recibimos muchas felicitaciones del público. La gente, incluso por la Quinta Avenida, nos reconocía y nos detenía para felicitarnos. Lo que muchos nunca previeron fue que *Doña Herlinda y su hijo* se fuera a exhibir en las salas cinematográficas de Guadalajara. Y fue entonces que algunos, no todos, mostraron disgusto e indignación; y para no verse amenazados por la familia o por la sociedad conservadora de la ciudad, tuvieron que mentir y hacerse los ofendidos, dizque porque no sabían que habían trabajado en una película de putos.

— Señorita, en este recinto no se pueden utilizar palabras altisonantes.

— Eso me dijeron que dijeron. No son mis palabras. Bueno, en una de ésas dijeron maricones, pues.

— Esa palabra es igual de inadecuada para este recinto.

— ¿Entonces cómo quiere que diga, señor Licenciado? Aconséjeme usted, que es tan inteligente y tan correcto.

— De invertidos, por favor. Refiérase a ellos de la manera menos ofensiva posible.

— De *gays*, para que todo el mundo esté de acuerdo—. Dirigiéndose al acusado: — Jimmy, me tengo que ir, a la inauguración de una exposición con Lulú y Luis Almeida. ¡*Ciao*!

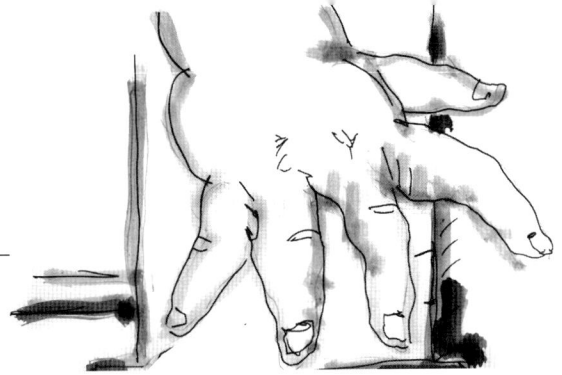

Jaime Humberto se vio parado al borde del precipicio. La tierra que pisaba parecía firme, pero eran los terrenos fatuos que produjo el éxito de su última película. Curiosamente, él no se dio cuenta a tiempo de que el abismo estaba a unos cuantos pasos. Estaba tan hinchado de soberbia, que llegó a considerar que todo lo que filmara, de manera mágica, se convertiría en otro éxito. Ya no le importaba apoyarse en buenos técnicos, ni en excelentes actores, ni siquiera en un buen argumento. La llave mágica la poseía él, consideraba. De modo que decidió filmar con puros alumnos. Se arriesgó a ubicar la historia en un tiempo futuro, en donde sucedería una historia de adolescentes traviesos e inquietos por sus prácticas sexuales, que representaría con personajes adultos; adornaría la historia con la preocupación socio-política del desempleo y la ambición del país vecino e imperialista por seguir devorando al nuestro, y le añadiría ciertos tintes frescos, ingenuos y musicales. La película se llamaría Mil novecientos noventa y nueve, *y la filmaría en 16 milímetros. El resultado nunca nadie lo vio, porque el ochenta o noventa por ciento del negativo resultó dañado. Intentando enfocar el desastre de forma positiva, pensó Jaime Humberto que era posible cumplir su sueño dorado de filmar dos veces la misma película. Convenció a los productores de Clasa Films, y la película se volvió a filmar, pero con mejor producción y personal técnico mejor capacitado, aunque el reparto artístico siguió siendo el mismo, al igual que la historia. La sombra de la soberbia inundó los pechos del maestro y de los alumnos y actores, al grado que algunos llegaron a exigir trato de estrellas. La ausencia de modestia y la falta de autocrítica produjo una obra desigual, que apunta hacia varias direcciones, y que pecó por su alto grado de ingenuidad. Esta última faceta pudiera ser virtud, pero para Jaime Humberto ya no hubo tiempo de pensar en eso, porque la realidad se impuso, y el fatuo terreno del éxito se inclinó arrojando al director aclamado al fondo del abismo.*

— Su película *Clandestino destino*, señor Hermosillo, es un verdadero disparate — opinó el Licenciado —. Además de que le hizo perder el puesto en la Universidad, la sociedad tapatía le dio a usted la espalda. Considero que no hay mucho de qué hablar al respecto. Es una película con pretensiones políticas, y nunca llega a ser política; se fuga por el costado y termina siendo una historia con pretensiones obscenas, y ni siquiera esto consigue. O sea, que no es ni chicha ni limonada. ¿Está usted de acuerdo?

Jaime Humberto afirmó con un gesto amable.

— ¿Qué fue lo que le pasó con este filme?

— No sé — respondió Jaime Humberto.

— ¿Y no siente vergüenza por haberlo realizado? Digo, sobre todo por el esfuerzo, el tiempo y el dinero que ello implicó.

— No. ¿Por qué?

— No sé, a mí sí me daría pena que me dieran una *chamba* y al final quedara mal.

— A cualquiera nos pasa. Que yo sepa, no existe obra garantizada desde su origen. Es parte de la misma naturaleza humana, ni siquiera con los niños se tiene garantía, así pague altos costos por los mejores métodos educativos. La producción de cualquier obra artística es un riesgo que vale la pena correrse.

— Posiblemente tenga razón. Pero ¿ahora que ha pasado el tiempo, podría decirme cuál fue la razón?

Después de pensarlo un poco, Jaime Humberto respondió:

— Podría ser la ausencia de unidad temática.

— ¿Así lo cree?

Jaime Humberto lo pensó mejor, y hasta entonces respondió:

— Más que nada, la ausencia de pasión. En *Clandestino destino* no existe la pasión. Nadie la vivimos, y en el fondo tampoco nos involucramos. Curiosamente, sucedió lo mismo con mi siguiente película: *El verano de la señora Forbes*. ¿Dónde estuvo el error? Nadie lo sabe. Es curioso, pero hay ocasiones en las que, aunque cuenten con los mejores elementos tecnológicos, económicos y artísticos, el producto resulta un fracaso. Lo más complicado del arte es inyectarle espíritu, y lograrlo es un gran misterio. Para mí *El verano de la señora Forbes* es como *Pinocho*, un niño bonito, pero de madera, no tiene alma. Y todos los que trabajamos en ella, pusimos lo mejor de nuestra parte. Y ni así resultó. ¿Dónde está la clave? ¡Quién sabe! Es por ello que el arte nunca se ha deslindado de la mística.

— *El verano de la señora Forbes*... ¿Por qué insistir con la temática homosexual? ¿Por qué usted tiene que trasponerlo todo a este sector minoritario de la sociedad? ¿Por qué hacer del personaje de Aquiles un homosexual?

♠ Alonso Téllez, Magnolia Rivas, Rafael Monroy y Denisse Montiel en *Clandestino destino*.

— No fue decisión mía.

— ¿Ah, no? ¿Entonces de quién?

— De Gabo.

— ¡De don Gabriel García Márquez!

— Sí, ¿qué tiene de extraño?

— Que él no maneja esa clase de temáticas, señor Hermosillo. Y cualquiera pensaría que es una aportación suya. Una más de esas morbosidades que por lo visto a usted tanto le agradan.

—Tiene razón, si a Gabo no se le hubiera ocurrido, posiblemente yo la habría aportado.

—Entonces, si fue contribución de tan respetable escritor, esta parte de la demanda queda anulada, su Señoría.

El Juez hizo un ligero movimiento de cabeza y continuó en el estado inmutable de ausente-presente.

—Yo no estoy de acuerdo con Jaime Humberto en eso de que *El verano de la señora Forbes* carece de espíritu — intervino un joven alto y algo desgarbado —. Los problemas de producción dañaron el resultado en pantalla, pero no disminuyeron los méritos de un guión ejemplar.

— ¿Por qué? — le preguntó el Licenciado.

—Me parece estupenda. Es una interesante confrontación entre la cultura europea y latinoamericana. Es la eterna lucha divisoria entre las supuestas barbarie y civilización. En esta película los personajes, que parecen sencillos y simples, llegan a adquirir categoría de prototipos. Los niños y Aquiles, el instructor de buceo, pecan de ingenuidad, de frescura, se desplazan por las playas de una manera libre, integrados completamente a aquel paisaje natural de roca, arena y mar. En contraposición está la señora Forbes, que en calidad de institutriz llega a trastocar el paraíso terrenal. En esta historia todos son asesinos. La señora Forbes es un ser moldeado a la perfección, utiliza los cubiertos y el vestir de acuerdo a lo que dicte la moda, conoce las normas que rigen las buenas costumbres educativas, característica de los países desarrollados, y su labor y obligación es transmitirla a sus discípulos, además de que ella ha de cobrar muy caro por sus servicios. Los niños no toleran la disciplina impuesta por la institutriz alemana, porque los arranca de su paraíso terrenal, y por eso deciden eliminarla.

— Pero la señora Forbes tampoco es un estuche de monerías — opina el Licenciado —. Sucumbió a la tentación.

— Por supuesto que no es un estuche perfecto — aclaró el Joven — ella es también un ser humano y no puede escapar a la esencia de su ser. La pasión que despierta Aquiles en ella, trastoca todos sus valores, su orgullo de mujer correcta, y la orilla a bajar sus armas sofisticadas, a anhelar enfrentarse cuerpo a cuerpo, como cualquier tiburón, con el instructor de buceo. El paisaje y la presencia casi primitiva de Aquiles, le devuelven el erotismo, la ansiedad por empaparse de arena y devorar los plátanos con las manos, como cualquier simio, como nunca antes ella misma se lo hubiera permitido. Ahora, prefiere embriagarse con tequila, aunque sea a escondidas, y con la sensibilidad a flor de piel disfrutar de la preparación de los exquisitos postres alemanes. Convierte la obra *Pentesilea*, de Kleist, en su lectura favorita, y le recita a su amante imposible los pasajes que provocan la tragedia entre Aquiles y la diosa de las Amazonas. Ella es el símbolo del fascismo, que niega la imperfección, y ante el amor se descubre maravillosamente imperfecta, extremadamente sudorosa. Y sucumbe ante el destino, feliz por haber vivido la lucha descarnada contra el ser amado.

♠ Hanna Schygulla y Yuriria Munguía en *El verano de la señora Forbes*.

— Todo lo que usted exalta de la película del acusado — reconoció el Licenciado —, es horrible, satánico. Es devolver a la humanidad sus instintos más primitivos. Como si de nada nos hubiera servido tantos años de historia, de aprendizaje, de avances científicos y tecnológicos. ¿Acaso no se da cuenta de lo peligroso de su argumento? Si así se permitiera, este universo se convertiría en el mismo caos. El pecado de la señora Forbes, joven... Perdón, no oí su nombre.

— Víctor César Villalobos. Hice el papel del niño Sandro. Y tuve la oportunidad de oír los análisis temáticos que hacían constantemente Jaime Humberto y Arturo, que es mi tío. Y no se me han olvidado a pesar de que pasaron ya doce años.

— El pecado de la señora Forbes, joven Villalobos, es haber caído en la tentación.

— Ella hace años que renunció al paraíso — dijo Víctor César —, por ello la sofisticación de sus actos y de su educación. La presencia de Aquiles despertó su sexualidad dormida. Eso no es un pecado, es una virtud.

— No estoy de acuerdo con usted — dijo terminante el Licenciado —. Le repito, ella cayó en la tentación, se dejó seducir por el primitivo Aquiles, como muchos se dejan seducir por el demonio mismo, cayó en sus garras y por eso terminó tasajeada como cualquier vil tiburón. La señora Forbes es digna de lástima y de ejemplo a no seguir.

— No se trata de ejemplos a seguir o no — aclaró el Joven—, se trata de hurgar, como bien lo hicieron Jaime Humberto y García Márquez, en la complejidad de este personaje. De indagar en esas actitudes que niegan el contacto directo de nuestros sentidos con la verdadera naturaleza. La anulación forzada del erotismo es imposible porque está intrínseco en uno mismo. Ella muere satisfecha al

— Si así lo considera...

— Esperemos que con el veredicto usted quede imposibilitado para crear obras de esa índole, mejor empecemos con su primera versión: *La tarea* o *El aprendiz de pornógrafo*.

Jaime Humberto se miró reducido, la fatiga provocada por los innumerables problemas enfrentados durante el rodaje de El verano de la señora Forbes, *le minó el entusiasmo por volver a trabajar en cine. Empequeñecido, se refugió en Guadalajara y descansó varios meses. El impulso creativo le hormigueó las manos, los pies, los ojos, y al parecer no había productor interesado en apoyarlo en alguna de sus propuestas. No le importó, pues reconoció su diminuta estatura en el país de los gigantes. En Guadalajara ya nadie confiaba en él, acaso unos cuantos. Y hacía tiempo que no pasaba temporadas en México. Estar desligado del medio cinematográfico no brinda vientos a favor. Admitió su fracaso frente a la industria del séptimo arte, pero lo que no sacrificó fue su placer por crear historias. Se compró una cámara de video ocho, ideal para su estatura pequeña, y realizó su primer trabajo de media hora, en donde utilizó como actor principal a su amigo Arturo Villaseñor. El título:* Un momento de ira. *Lo editó en casa y lo mostró solamente a los colaboradores. Pero ni el entusiasmo del solidario grupo logró que Jaime aumentara de estatura. Seguía siendo el hombre más pequeño, como jamás él mismo se había visto. Hasta el departamento donde vivía le parecía enorme. La perspectiva que entonces él tenía, era prácticamente la misma que su gatita Bellissima, es decir, máximo quince centímetros del suelo. El estar tan diminuto le hizo darse cuenta que para sobrevivir no se necesita de costosas comidas, ni de vestimentas elegantes, ni de alhajas, ni de enormes cantidades de dinero, ni de adornos fatuos, ni de gigantescos eventos culturales. Fue entonces cuando se apoderó de él el espíritu minimalista. "¿Para qué hacer cine con cámaras sofisticadas y pesadas, con exorbitantes presupuestos, con un gran número de técnicos especializados, con varias locaciones, con efectos especiales y movimientos de cámara complicados? Lo único que importa es la problemática humana" pensó. "Los clásicos trazaban sus grandes tragedias en un solo espacio, sin escenografía y en un mismo lapso de tiempo, eliminando las elipsis. La importancia radicaba en la genialidad creativa de la trama y en la unidad temática." Entonces, Jaime Humberto se lanzó a realizar un video, de un solo trazo, sin cortes ni edición. Y colocó la cámara de video a la altura de la perspectiva entonces por él percibida, y que era similar a la de la gatita Bellissima. Y no requirió de técnicos, ni de nadie, solamente de la pareja de actores, de dos niños y por supuesto, también de Bellissima. Utilizó su propio apartamento, sus discos de música y su propuesta narrativa y visual. Quería demostrarle al mundo que ser pequeño no era un castigo, ni tampoco vergonzoso, sino por el contrario: admitirse minúsculo es una virtud. La humildad durante siglos nos ha demostrado sus grandes dotes virtuosas. El título:* La tarea o El aprendiz de pornógrafo. *Lo que Jaime Humberto nunca imaginó, es que su pequeño producto sería la galleta que, como a Alicia, le devolvería su estatura original.*

♠ José Alonso en *La tarea*.

— Cuando Jaime nos invitó a hacer con él *La tarea* — intervino Charo Constantini, sin poder evitar una risita provocada por el doble sentido que esas dos palabritas, convertidas en sinónimo de amor o de simple y sano sexo, otorgan a muchas frases —, me pareció muy interesante su propuesta, pues era como hacer teatro. Ensayamos durante varios días; y cuando llegó el momento de la grabación definitiva, fue igual a cualquier estreno frente al público, en donde ya no hay alternativa de nada y los errores debíamos resolverlos con improvisaciones precisas. No teníamos público, solamente Jaime Humberto nos miraba a través del lente de la cámara. Fue una experiencia nueva, íntima, formidable.

— Usted, en esa primera versión, fue la engañada, ¿no? — preguntó el Licenciado.

— Supuestamente sí — respondió ella —; el que esconde la cámara de video es Daniel.

— Tengo entendido que ustedes son esposos en la vida real. ¿Nunca pensó que a lo que accedió como actriz, invadía su intimidad matrimonial? — preguntó el Licenciado.

— No.

— ¿Ni que con la acción esa de grabar con la cámara escondida estaban promoviendo una idea genial para satisfacer perversidades de mentes distorsionadas?

— Tampoco.

— Casi cualquiera tiene una cámara de video en estas épocas, señora.

— A mí nunca se me ocurrió hacer algo semejante con mi camarita, ni aún después de haber trabajado con Jaime Humberto. Qué lástima, hubiera sido una experiencia excitante. Lástima. Pero por lo visto, a usted sí se le ocurrió.

♠ Jaime Humberto Hermosillo.
Foto de Lourdes Almeida.

— ¿A mí? — reaccionó incómodo el Licenciado — ¡Señora, por favor! ¿Con quién cree que está usted tratando?

— Con alguien inteligente que capta los mensajes subliminales, ¿no acaba usted de demostrármelo? A mí, que seguramente no soy tan inteligente, no se me había ocurrido.

— Yo sería incapaz de cometer semejante barbaridad.

— Sí se le ocurrió, no se haga. Además, no tendría nada de malo.

— Discúlpeme, señora, recuerde que yo no soy el acusado.

— ¿Ah, no? ¿Entonces quién?

— Su director, ese mismo que ve allí sentado, remolineándose tan campante en el banquillo, como si no pasara nada. ¡Véalo! Hasta parece que está concursando por la mejor sonrisa. Cualquiera pensaría que está de vacaciones, mirando un divertido programa de televisión...

— ¿Y de qué se le acusa?

— De inmoral. Y tenga cuidado con lo que dice, señora Constantini, porque usted es otra que podría quedar detenida por las mismas circunstancias.

— No me diga...

— Sí le digo.

— ¿Y por qué? Si yo no he hecho nada.

— Eso es lo que usted cree. Pero no se olvide que usted fue la que destapó la caja de Pandora.

— Yo ni siquiera conozco a Pandora.

— No se haga la inocente.

— Ahora, si se refiere al mito...

— Quiero decir, que desató los demonios desde el momento en que se prestó a trabajar como actriz en la primera versión de La tarea o El aprendiz de pornógrafo, como quiera llamarle.

Charo Constantini hasta entonces comprendió todo, y lo delicado del asunto.

— Ahora dígame — le dijo el Licenciado —, ¿no se arrepiente por haber trabajado de esa manera con el acusado?

— No.

— ¿No?

— No. Es más, me hubiera encantado haber sido aceptada para hacer la película. Quedé en la terna final. Ni modo, parezco destinada a hacer los *borradores*. Qué pena.

— No le entiendo, explíquese, por favor.

— Sí, yo trabajé en la primera *Tarea*, de lo cual me siento muy orgullosa. Ha de saber que para muchos es superior a la segunda. También trabajé en la versión video de *Encuentro inesperado*, realizada por Arturo Villaseñor. Y me sucedió lo mismo: cuando se realizó en cine, pues ni siquiera me invitaron a hacer *casting*, y mi parte la hizo Lucha Villa. Como verá, sólo he servido para hacer los borradores. ¿No le parece?

— ¿Quiere usted levantar una demanda contra el acusado?

— Por supuesto que no. ¡Cómo se le ocurre!

— Pero por lo que usted dice, pareciera que también a usted la engañó. Mire — le dijo casi al oído —: Tengo entendido que es una de sus peores costumbres.

— ¿Qué...? — preguntó Charo Constantini también en secreto.

— Eso, de engañar a los actores para que no se opongan a realizar los actos mezquinos, que denigran la integridad moral de nuestra sociedad.

— No le entiendo, señor Licenciado. Y por favor, hable en voz alta, que no estamos en los lavaderos.

— Perdón, se me olvidaba que estaba en el tribunal — y de nuevo en voz alta, preguntó el Licenciado —: ¿Tiene algo en contra del acusado?

— No.

— ¿Ni su marido?

— Tampoco, que yo sepa.

— Entonces puede retirarse.

— No sin antes saludar a Jaime — y se acercó al acusado para decirle cariñosamente —: Ay, mi vida, pobre de ti. Pero no te preocupes, cuenta siempre con nosotros. Ahora que le comente a Daniel, se va a preocupar muchísimo. Yo sé que de inmediato va a enviarte también su apoyo. ¡Ay, me encantas, Jaime!

Y le dio un beso en la mejilla. Al alejarse, se acomodó un poco la pestaña postiza y se alborotó ligeramente la preciosa cabellera.

— Cuando supe que la prueba que me harían en Clasa Films para *La tarea* — intervino María Rojo — era de desnudo, les pedí quince días para reafirmar mi cuerpo y preparar mi mente. Solamente quince días. Afortunadamente, me esperaron y fui la escogida. Para mí, era de suma importancia volver a trabajar con Jaime Humberto. Él y yo hacemos siempre una buena mancuerna. Lo entiendo y me entiende perfectamente. Cuando una amiga actriz me comentó que habían estado haciendo pruebas para una película pornográfica dirigida por él, apenas si pude evitar una sonrisa al confesar que yo había hecho el papel. Todavía recuerdo su mirada estupefacta, por haberme atrevido a participar en una película así. Como era de esperarse, fue un éxito. Y pienso que me gané el respeto y el favor del público, además de un premio como la mejor actriz por *La tarea* y *Danzón*, en el Festival Internacional de Cine de Valladolid, España.

— Contésteme esta pregunta, señora María Rojo — pidió el Licenciado —. ¿No le dio pena salir desnuda? Porque al menos recuerdo dos de las películas del acusado y la más descarada, la versión para teatro, donde usted se desnudó e hizo el amor frente a todo el auditorio presente en innumerables funciones. ¡Qué barbaridad!

— Me da pena no sentir pena — respondió sincera María.

— Ahora entiendo por qué hacen tan buena mancuerna usted y el acusado. A cual más, son un par de sinvergüenzas. No, y todavía falta mucho más. Pues en la primera versión cinematográfica de *La tarea* no llegaron a lo peor el par de "artistas"...

— ¿A quiénes se refiere?

— A usted y al acusado, no se haga la inocente. Para empeorar la situación, quien pone la cámara, a diferencia de la versión video, es la mujer, o sea usted. ¿Me podría explicar de quién fue tan "maravillosa idea"?

— De Jaime Humberto — respondió María —, y nos entusiasmó a José Alonso y a mí.

— Me lo imaginaba. Ya no sé quién es más perverso, si el creador o la creación.

— Es que eso de que el hombre escondiera la cámara le daba cierto tono sórdido. Es más común que un hombre tenga la iniciativa y pueda cometer un acto como el de esconder la cámara, dejándole a ella el papel de víctima seducida y engañada. Era necesario aligerar el tono, y Jaime Humberto acertó. Hay que reconocer que resultó más cómico que José Alonso fuera la víctima y yo la pícara que planeara la grabación y la seducción. Recuerde que en las comedias hay que romper con los estereotipos para darle más realce a las travesuras. Es la base para que el público se divierta.

— ¡Y dale otra vez con la comedia!

— Al público le encanta *La tarea*.

— Al público, usted lo ha dicho. No así a los demandantes. ¿Qué no se dan cuenta que lo que ustedes realizaron merece todo el rigor del peso de la ley?

— ¿Tanto así? — preguntó María Rojo.

— Y a mí no crea que me va a convencer con su cara de niña inocente. ¡Por Dios! ¡Hasta en eso se parece al acusado! Y le suplico, de la manera más atenta, que mejor se retire, porque usted, en lugar de ayudar a su gemelo, me temo que lo hundirá todavía más de lo que yo pretendo.

— No creo. Yo también sé defenderme. Y muy bien, señor Licenciado, recuerde que yo entiendo de leyes. ¿Qué tiene usted en contra de *La tarea*?

— Se trata de pornografía pura, y sin cortes, que es peor.

— O sea, usted hubiera querido acercamientos, detalles y cosas por el estilo. No me había dicho que es usted un morboso.

—Una verdadera actriz, como usted lo es, no debió haberse prestado al jueguito.

— ¿Cuál jueguito?

— Ése, de andar haciendo sus cochinadas frente a la cámara.

— La actuación es un juego, hacer cine es un juego, el erotismo es un juego. Hay quienes dicen que el juguete más caro que ha inventado el hombre es hacer cine. Y el juego es un acto sano, vigoroso, exalta el espíritu, la imaginación y tonifica al cuerpo y al alma.

— Está refiriéndose a películas sanas, infantiles. No a la clase de trabajos que ustedes gustan hacer. Porque además, le recuerdo, también se prestó para hacer la peor versión de *La tarea*, que ustedes mismos titularon *Prohibida*.

— Cuando Jaime Humberto fue a mi oficina a presentarme su idea sobre *La tarea prohibida* — intervino don Manuel Barbachano Ponce —, decidimos juntos asumir el riesgo que ello implicaba. Y me refiero a los tres, a mi querida María, a mi

— Ustedes, más que satisfacción debieran sentir pena — afirmó el Licenciado —. El incesto es un asunto que no se debe tratar a la ligera. Y el tono del que usted habla, me suena a vil melodrama. No estoy de acuerdo para nada con ustedes, trío infernal. Y en lo que voy a exponer, espero que el Juez me conceda la razón. Sófocles, en su tratamiento sobre el incesto en *Edipo Rey*, dicta la gran enseñanza universal sobre cómo deben ser tratados este tipo de problemáticas. En la historia que ustedes realizaron, lo único que demuestran es una falta completa de ética, pues los que atentaron contra ese orden, según su tratamiento moderno, quedaron intactos, no padecieron de consecuencias, ni siquiera fueron castigados. El hijo se va de la casa y la madre se queda llorando. Pobrecita. Como en una telenovela barata. Y no deben ser así los tratamientos dramáticos cuando se cometen actos de esa naturaleza. Me extraña que usted, don Manuel Barbachano, con todo el prestigio que obtuvo al producir un cine nacional de excelencia; y usted, María Rojo, con lo inteligente que es y que también ha aportado con su actuación grandes películas para orgullo de nuestro país, se hayan ambos dejado convencer por el acusado para producir esta historia infame. No los culpo a ustedes, Jaime Humberto Hermosillo siempre se las ha ingeniado para producir sus atrocidades cinematográficas. Por mí, señor Juez, ellos dos quedan excluidos de la acusación. Pero no el señor Hermosillo, quien tendrá que responder en base a lo que dicte el veredicto.

— Unas palabras antes de regresar a estados completamente ajenos a este tribunal — pidió don Manuel Barbachano.

El Juez, con el gesto característico de desenfado, le concedió la petición.

— No concuerdo en absoluto con el Licenciado, en eso de que nuestra película no cumple con los requisitos indispensables para crear una historia que se ajuste a las normas éticas, como debe hacerlo toda obra de arte. Por supuesto que se ajusta. Y perfectamente. Lo único que me temo, señor Licenciado, es que usted es el que va a quedar muy mal parado con lo que acaba de exponer. Sófocles, basado en el mito, hizo que Edipo Rey se castigara sacándose los ojos, y lo orilló a vivir en el exilio. Yocasta, su madre, se suicidó. Ambos cumplieron así su condena por haber transgredido la Ley de los Dioses. En la versión de Hermosillo, sucede prácticamente lo mismo: el hijo se ve obligado a partir al exilio, y la madre cierra sus puertas al mundo exterior, hundiéndose en el universo de los recuerdos. No olvidemos que los dioses castigan a los humanos con la muerte, con el exilio forzado o con la pérdida de la razón. Y los personajes de Hermosillo pagan las consecuencias, según la exigencia de los clásicos, quienes finalmente son los maestros que nos educaron para entender las reglas éticas del arte. Y aunque Jaime Humberto jamás pretendió hacer una gran tragedia, porque hay que reconocer que *La tarea prohibida* no es una tragedia, pues no cumple con los requisitos indispensables, sí es un excelente melodrama y un melodrama profundo. La valentía de Jaime Humberto radica en haber desentrañado, de sus propias vísceras, el verdadero amor que a todos los hombres nos atañe. No esquivó el conflicto, lo enfrentó con todas sus consecuencias. Y no cualquier artista, señor Juez, se atreve a hurgar en el misterio propio de los mecanismos del subconsciente. Y si van a arrestar a Jaime Humberto por esta película, me uno al arresto. No lo voy a dejar solo.

—Yo también me uno, señor Juez — exclamó María Rojo.

— Entonces, tendrá que arrestarnos a los tres — confirmó don Manuel Barbachano—. Es todo lo que tenía que decir. Gracias por concederme la oportunidad de expresar mis ideas, señor Juez. — A Jaime Humberto: — ¡Adiós, lindo hermoso, y desde mi lugar de estancia, te seguiré aplaudiendo!

Don Manuel Barbachano sacó un puro, lo encendió con toda tranquilidad, y se esfumó en etapas: primero él; luego el puro y la sonrisa; y por último el humo, pero no el olor.

— A ver, a ver. Si en *La pasión según Berenice*, por eso de que "Berenice soy yo", el acusado metafóricamente quemó viva a su madre enferma, entonces...

El Acusador hizo una pausa, y se dirigió al Juez:

— Ofrezco a su Señoría disculpas por anticipado, pues usaré una palabra soez, pero el caso lo amerita.

Y continuó, mirando al Acusado:

— Entonces, en *La tarea prohibida*, metafóricamente usted chingó a su madre.

—Así es — intervino Leopoldo Chagoya, amigo de Jaime Humberto y reconocido psiquiatra —, y Jaime pudo cumplir así el sueño que la mayoría quisiéramos ver realizado: hacer el amor con nuestras madres; pero cuando ellas y nosotros, los hijos, tenemos todavía la edad adecuada. A ver si me explico. Al hacer *La tarea prohibida*, Jaime tenía más de cincuenta años; y su madre, doña María Guadalupe Delgado, pasaba los setenta. Mediante el cine, el autor consumó el incesto, usando como intermediarios a María Rojo y a un joven de veintitantos años, Esteban Soberanes. Expresarse a través del arte, puede ahorrar a los artistas años de psicoanálisis. Debió haber sido muy catártico y liberador para Jaime Humberto.

—Y si quería tanto a su madre, ¿por qué no viajó desde Roma cuando ella se estaba muriendo?

— Supongo — intervino ahora Cati Bloch, otra querida amiga del director — que fue para recordarla viva y saludable. En esos días se estaban exhibiendo en

♠ Álvaro Guerrero en *Intimidades en un cuarto de baño.*

— De la otra forma común, entre la pareja de amantes no significaría un acto de agresión. Podría confundirse con un acto de amor. Y eso anularía el propósito.

— Se ganaría al público, que es otra cosa.

— Yo quisiera opinar al respecto, señor Licenciado — intervino un joven desconocido —, si es que puedo meter mi cuchara.

— Adelante —dijo el Licenciado.

—Yo era un fiel admirador del trabajo de Jaime Humberto Hermosillo. Siempre seguí la pista de todas sus películas. Me gustaban mucho sobre todo por lo sugerido de la sexualidad de sus personajes. Cuando supe que había filmado una película con el título de *Intimidades en un cuarto de baño*, ya me andaba porque se estrenara. Me la imaginé llena de erotismo, de flirteos clandestinos entre la densidad del vapor de la llave del agua caliente. No, definitivamente me imaginaba otra cosa. Cuando la vi, no podía dar crédito a mis ojos, era una película horrible, donde la gente entra al baño a hacer sus necesidades, qué asco. Y la cámara ahí, tras el espejo, inmóvil, viendo a esta familia de clase media entrar y salir del baño. La película no sólo me aburrió, sino que me asqueó, me produjo prurito en la piel, y de pilón me deprimió. Y al final, cuando vi que estaba dedicada a su amigo Arturo Villaseñor, me dije: definitivamente Jaime Humberto no lo quiere, por eso le dedicó esta película tan fea. Luego, para acabarla de amolar, me enteré de que Villaseñor estaba muy orgulloso porque se la dedicaron. Desde entonces decidí alejarme del cine de Hermosillo. Yo creo, señor Licenciado, que esa película marca el estado esquizofrénico-depresivo de ellos dos.

— Podría ser... — opinó el Licenciado.

— Yo por eso marqué muy bien mi distancia con esta clase de realizaciones cinematográficas, no vaya a ser que terminen afectándome. Además, es una vergüenza para el país que se exporten este tipo de imágenes al extranjero. México también tiene cosas bellas que ofrecerle al mundo, y no solamente aspectos sórdidos y pesimistas. Es todo, Licenciado.

— Gracias por venir a expresar ante el Juez sus opiniones — le dijo dándole una palmada amistosa en el hombro el Licenciado.

— De nada.

— Que le vaya bien.

El joven se retiró sin voltear a ver a Jaime Humberto, que permanecía callado, sentado pero no en el banquillo de los acusados sino en la taza de un excusado.

— ¿Qué nos puede decir al respecto, señor Hermosillo? Dígame, ¿a usted le gusta su película?

Jaime Humberto no contestó, simplemente le sonrió amistoso.

— Bueno, supongo que sí le ha de gustar, pues usted fue quien la hizo. Acepto que mi pregunta implicó una estupidez de mi parte. Pero continuemos: en esta cinta, usted muestra la supremacía del matriarcado sobre el macho. Pareciera que los hombres no tienen más alternativa que suicidarse o permanecer muertos en vida. En cambio, las mujeres tienen todo el universo a su alcance.

— *Intimidades en un cuarto de baño*, señor Licenciado — intervino Martha Navarro —, es una pieza, género dramático equivalente a la tragedia, iniciado por Anton Chéjov. Y es perfecta.

— ¿Y dónde, según usted, encuentra la perfección? — preguntó el Licenciado.

— Por medio del microcosmos que Jaime Humberto captó, a través del lugar más íntimo de la familia, precisamente el cuarto de baño. Hermosillo reflejó la dinámica depresiva que en ese momento afectaba al macrocosmos que abarcaba a todo el país: el desempleo, la falta de oportunidades, la manipulación del poder para seguir manteniendo opacados a los oprimidos. Todo ello expresado por medio de pequeñas acciones y objetos, como el rollo de papel higiénico, los incisivos diálogos entre los personajes, el carrito con los utensilios de belleza, la grabadora con clases del idioma portugués... Estas minuciosas acciones y objetos evidencian las diferencias de clases sociales, los mecanismos de chantaje, la explotación del hombre por el hombre, los modelos a seguir según las leyes dictadas por el sistema positivista, es decir, capitalista. Es una metáfora perfecta del acontecer socio-político que vivía el país y que, me temo, sigue viviendo. Y la metáfora cinematográfica, señor Licenciado, es una de las cosas más difíciles de

♠ Lucha Villa y María Rojo en *Encuentro inesperado*.

— *Encuentro inesperado* forma parte de mis constantes temáticas. Y a mí nadie me impone nada, Licenciado, como yo tampoco puedo imponer nada. A don Manuel Barbachano le interesó el guión de Villaseñor, por ello es que asumió la producción total de la película.

— Pues según los demandantes, esa historia no tiene nada que ver con usted, ni el tratamiento, ni el lenguaje. Su obra se ha especializado en el realismo, en el hablar naturalista, y los diálogos de Villaseñor son barrocos, abigarrados, pretenciosos. ¿Para qué llamar alcoba a una simple habitación? Reconozca, señor Hermosillo, que la película fue un fracaso.

— Pudo haber quedado mejor si Arturo la hubiera dirigido — expresó Jaime Humberto —. Yo mismo se lo dije a don Manuel. Debo confesar que cuando Arturo escribía las obras de teatro de su libro *Delirios*, yo mismo me burlé por el tratamiento de sus diálogos y por la pretensión de corte clásico de sus argumentos. Cuando me mostró la primera de sus obras realizada en video, titulada *Redención*, empecé a entender un poco su estilo, y me llamó la atención sobre todo porque era diferente a mucho de lo que yo había visto. Luego, realizó en video *Encuentro inesperado*, con las actrices tapatías Charo Constantini y Consuelo Pruneda, y entonces me sorprendió mucho el trabajo y me gustó. Retiré mi opinión equivocada del principio, y yo mismo le pedí a Arturo que adaptara su obra a guión cinematográfico.

— A pesar de lo que acaba de exponer — dijo el Licenciado —una de las virtudes que encuentran los demandantes es que en esta película no hay sexo, ni violencia, ni sangre. Cualquiera pensaría que se trata de una película sana. Pero no, es todo lo contrario; y me temo que de ésta, señor Hermosillo, no se salva, pues quiero que para el Juez quede muy claro que *Encuentro inesperado* es una de sus obras más retorcidas. Primero, acláreme un detalle de suma importancia: ¿son o no son madre e hija?

Jaime Humberto simplemente se encogió de hombros.

— Es muy importante que me aclare este punto — insistió el Licenciado.

— Lo sean o no lo sean es lo que menos importa — intervino Arturo Villaseñor.

— Perdóneme, pero sí es de suma importancia — especificó el Licenciado —. Nunca va a ser igual una relación entre dos desconocidas que entre madre e hija. La sangre está de por medio.

— El guión está basado en mi obra de teatro y en ésta, al final sí se aclara que en efecto son madre e hija. En la versión cinematográfica ya no tenía caso especificarlo. De cualquier manera, el personaje de la diva seguiría manteniéndose firme e imperturbable. El suicidio de la hija o desconocida ni siquiera la trastocó.

— ¿Y por qué tanta insensibilidad?

— Porque responde a un estado alucinado por la droga, la cocaína, para ser más específico. La tragedia de la diva no estriba en la muerte, sino en su estado permanente de distanciamiento con la realidad, una especie de locura. Ella es un personaje mítico gracias a la mercadotecnia. Pilar Landeros, la diva, se ha olvidado de sí misma porque tiene más fuerza su personalidad falsa de gran estrella que su propio ser. Es una característica psicológica particular en esta clase de personas.

— Se dice que el personaje de la diva está inspirado en una actriz mexicana. ¿Qué me dice al respecto?

— Está inspirado en muchas de las divas: Dolores del Río, Marlene Dietrich, Greta Garbo, Gloria Swanson... Todas ellas responden a los mismos lineamientos estereotipados. Y también aprovechamos para hacerle un homenaje merecido a Lucha Villa, actriz y representante de nuestro folclor.

— Nunca entenderé cómo ella se prestó a trabajar en semejante papel. Lucha Villa había interpretado solamente personajes sencillos, comunes, de ésos que se encuentran por donde quiera...

— Para mí no fue nada fácil recitar los diálogos de Villaseñor — intervino con su hermosa voz grave Lucha Villa, vestida con un traje folclórico y barroco —. Estaba algo asustada por la responsabilidad. En el cine nacional nadie acostumbra utilizar esa clase de parlamentos. La gente tampoco se expresa así.

— ¿Y entonces por qué aceptó trabajar en ese papel? — le preguntó el Licenciado.

— Asumí el reto que implicaba. Jaime Humberto siempre nos ha sorprendido con sus experimentos cinematográficos. Por eso confié. Pero también me identifiqué mucho con el personaje que me ofrecían don Manuel, Jaime y Arturo. A mí misma me ha sucedido, y no sólo una vez, sino varias. De pronto aparece gente, quién sabe de dónde, que afirma ser mi pariente. Es un pretexto ideal para colarse en la casa de la estrella. Son personas que no están bien de la cabeza, que la idolatran a una a grado de fanatismo, y terminan por convertirse en un fastidio y en un grave peligro. Hay que reconocer que existen actrices y estrellas. Las primeras se hacen en las escuelas de actuación, las segundas nacen. Y al pueblo, le gustan las

estrellas, necesita de ellas para colocarlas en el pedestal de su corazón. Es una responsabilidad difícil y pesada, no crea.

— ¿Y usted está de acuerdo con el tratamiento que hicieron sobre la diva?

— Mire, yo no me espanto de nada, que quede muy claro. Y sí, hay cantantes que necesitan de la droga para salir al estrado, que viven en hermosas mansiones y que dependen por completo de la servidumbre. Afortunadamente, yo estoy casada, tengo mi familia y no uso drogas.

— Me refiero al amor lésbico de la hija hacia su madre consagrada.

— Ése es problema de los *fans*, no de las estrellas.

— ¿Y qué me dice cuando abren la puerta del *closet* y descubrimos que hay adentro un látigo y unas esposas?

— Ésa me parece una idea genial de Jaime Humberto. Con ese detalle, que podría parecer insignificante, revela la forma de *divertimento* sexual que practica el personaje. El público, por supuesto, suelta la carcajada.

— Los juegos sado-masoquistas, señora Lucha Villa — aclaró el Licenciado —, no debieran llamarse juegos. Son una aberración, una distorsión sexual. No hay por qué aplaudirlos, hay que destruirlos antes que sigan reproduciéndose cada día más.

— La que me enternece mucho es Estela, la que dice ser mi hija. Pobre, la mediocridad es la cruz que le tocó cargar. No se puede hacer mucho por este tipo de muchachas. Fíjese, desde su primera aparición, cuando yo pregunto: ¿Quién anda ahí? ella me responde: Nadie, señora. ¿No le parece muy triste? Digna de lástima. Desde el principio se está negando a sí misma, así nunca se puede triunfar. Y esa forma de responder es muy de los mexicanos. Fíjese bien y verá que tengo razón, Licenciado.

— Estela responde así — aclaró María Rojo levantándose del lugar donde estaba a espaldas de Jaime Humberto —, también porque está decidida a suicidarse. Para ella la existencia ya no tiene validez, por eso se nombra nadie; su único objetivo es enfrentar a su madre y reprocharle el daño que le ha causado durante toda su vida.

— Pero está loca — especificó Lucha Villa.

— Está harta por haber sido engañada por la enajenación que le produjeron la estrella y su aparato publicitario, lo cual la sumerge en una terrible depresión cuando descubre que el ídolo es falso — opinó María Rojo.

— Tienes razón, por eso se suicida. Perdón, qué pena, pero tengo que irme a cantar en un palenque. Jaime Humberto, por culpa de estos inquisidores, ni te saludé. ¡Besos!

Y se subió a una calandria jalada por un hermoso caballo blanco. Al alejarse, cantaba acompañada por un grupo de mariachi.

— Señor Villaseñor, ¿por qué transportar la tragedia de Electra a terrenos lésbicos? ¿No le parece demasiado truculento?

— *Encuentro inesperado*, más que una historia lésbica, es el conflicto eterno entre mito y realidad. Por principio, estos dos conceptos debieran estar perfectamente unidos. Y como generalmente no sucede así, es el motivo adecuado para desatar la acción dramática de esta historia. El mito moderno, como posiblemente lo fue el antiguo, está respaldado por la imagen, por la promoción, por la publicidad, hoy diríamos por la mercadotecnia; y se deslinda de toda clase de responsabilidades hacia la realidad subyacente del pueblo. El mito que nos presenta la película es de piel blanca, vive en una bella residencia, colecciona extravagancias, y prácticamente está muerta en vida, como momia, alimentada por la droga. Es la imagen de la decadencia. La realidad de nuestra cultura es de piel morena, vive en casas modestas, colecciona carteles de estrellas y está llena de vida, alimentada principalmente por frijoles y tortillas. Es la imagen de la necesidad, tanto material como espiritual. Este divorcio entre mito y realidad, más que beneficiarnos, nos perjudica, como le sucede a Estela, el personaje que interpretó María Rojo. Los medios de comunicación insisten en crear modelos que no reflejan ni a nuestro pueblo, ni a su idiosincrasia, mucho menos a la problemática social que a todos nos atañe. *Encuentro inesperado* es un grito de protesta contra los falsos ídolos que nos son impuestos.

— Entonces no es una historia de lesbianas — especificó el Licenciado.

— El toque lésbico fue propicio para el desarrollo dramático, solamente. Le aclaro que *Encuentro inesperado* es una historia de personajes prototipos, es decir, cada uno de ellos es representativo de un área de la estructura social, como expliqué anteriormente. Esta manera de tratar a los personajes es indispensable en el género de la tragedia. Y aunque puedan parecer personajes sencillos, no lo son, porque implican bandera, insignia, síntesis de realidad histórica.

Arturo volteó a mirar a Jaime Humberto, y no se dijeron nada. La comunicación entre ellos ya no necesitaba del lenguaje verbal, ni de abrazos, ni de palmadas en la espalda; había llegado a niveles de telepatía. Entre ellos existía un fuerte afecto que perduraba y crecía sin cesar. Jaime Humberto sabía que contaba con todo su apoyo, y que la familia del amigo lo mandaba saludar.

— Sigo sin entender el aspecto lésbico — opinó el Licenciado —. Señor Juez, para mí *Encuentro inesperado* es una película que trata de enfermedades patológicas. Uno de los personajes es una frustrada, acomplejada lesbiana que quiere violar a la mujer que tanto ha idolatrado durante toda su vida, y que bien podría tratarse de su propia madre. Y el otro personaje, una diva drogadicta, solitaria, que se acuesta con la servidumbre, sado-masoquista y romántica empedernida, que sueña con un amante que aparecerá inesperadamente dispuesto a matarla. ¡Por Dios! ¡Por qué escribir esta clase de historias! Le aclaro estos puntos porque no quiero que se deje impresionar por los argumentos que acaba de expresar su autor. Además, no hay que olvidar que varias de las acusaciones apuntan también contra el señor Villaseñor, fiel amigo del acusado.

El Juez le hizo un ademán de que no había problema, que podía continuar con el interrogatorio. El Licenciado se dirigió a Jaime Humberto:

— Contésteme esta pregunta con escasas palabras: ¿Qué fue lo que más le atrajo del guión de Villaseñor?

Después de pensarlo un poco, Jaime Humberto contestó:

— El tratamiento del personaje, cruel y despiadado, de la madre desnaturalizada.

— No tengo nada que objetar, señor Juez — afirmó satisfecho el Licenciado.

Una bruma densa y fría invadió el tribunal. Era el heraldo que advertía que Jaime Humberto podría ser sentenciado a perecer en la hoguera. Arturo Villaseñor estaba paralizado por el terror. La tragedia de su amigo parecía inevitable. Tragó saliva, y entonces aparecieron sus mascotas felinas: Desdémona, Sófocles, Traviata y Tosca. Y aunque él se resistía, lo alejaron de aquel recinto que desprendía un fuerte olor a sentencia de muerte.

El Licenciado se acercó a María Rojo:

— Usted es una actriz comprometida con su pueblo, según lo ha demostrado ampliamente a lo largo de su vida. Dígame ¿por qué apocalípticas aberraciones aceptó usted el papel principal en la película esa, *De noche te vienes, Esmeralda*?

versión de Hermosillo, que exalta a la protagonista a niveles de heroína, casi angelical, como si se tratase de una fiel representante de las virtudes humanas, ¡colocándola en el pedestal como ejemplo a seguir! Hasta el castigo que mereció Esmeralda en el caso real, el acusado lo sublima a grados de agasajo de todos sus maridos y nuevos pretendientes: me refiero a la fiesta de cumpleaños dentro de la prisión. ¿A quién quieren engañar, por el amor de Dios? Si el director de *Cantando bajo la lluvia*, e Ismael Rodríguez, director de la excelsa película *Nosotros los pobres*, estuvieran aquí presentes, lo más seguro es que también estarían indignados, como yo, por el "homenaje" a sus escenas y canciones. Temo advertirle, señora María Rojo, que en este tribunal no sucederá como en la película. Ni usted ni el acusado lograrán conquistar al jurado con sus falsas poses de inocencia. ¡En qué cabeza cabe que a la promiscuidad se le exalte como virtud!

— ¿Cuál promiscuidad? — preguntó María, intrigada.

— ¡Ésa que usted practica con todos sus maridos! — respondió exaltado el Licenciado.

— Perdóneme, Licenciado, pero Esmeralda no es ninguna promiscua — aclaró firmemente María Rojo.

— ¿Ah, no?

— Por supuesto que no. Una mujer promiscua lo hace con cualquiera; no así Esmeralda, que lo hace todo por amor.

— No me diga.

— Pues sí le digo, fíjese.

— De modo que ahora a la promiscuidad le llaman amor. ¿Hasta dónde quieren llegar usted y el acusado? Explíquenmelo, por favor, porque francamente yo ya no entiendo nada.

— Mire, le voy a explicar. Y no se enoje, porque viera qué feo se ve enojado. Se vería más guapo si sonriera — el Licenciado sonrió un poco a fuerzas — . Así se ve mejor, qué le costaba.

— Estoy esperando su explicación — dijo impaciente.

— Déjeme ver por dónde empiezo...Ya, mire: Esmeralda, según Hermosillo, no es real, tan no es real que traspasa los barrotes de la cárcel, su vestido cambia como los árboles según las estaciones del año; a ella no le trastoca nada ni nadie; ponerse en su contra es una necedad, porque termina conquistando siempre el corazón de cualquiera. ¿Verdad que no hay gente así? El mismo dicho popular lo dice: no soy monedita de oro. Y si usted, Licenciado, no se dio cuenta de que la versión de Jaime Humberto corresponde más a los cuentos fantásticos que a la realidad misma, significa que vio otra película. Y no la que nosotros hicimos.

— ¡Otra vez lo mismo! ¡Siempre resulta que vemos *otra* película! Y no me ha respondido sobre la promiscuidad — insistió el Licenciado.

— La promiscuidad... pues la promiscuidad no existe en Esmeralda. Un ser ideal por principio no es humano. Y un ideal no puede tocar situaciones mundanas. ¡Es imposible! Esmeralda es amor, puro amor, ella quiere a todos por igual y siempre estará dispuesta a ofrecerlo cuando alguien lo necesite. Es un símbolo, nada más. Por eso la *rebatinga*, unos en contra y otros a favor del gran misterio llamado amor, que al parecer es también muy subversivo, ¿sabe?

— No crea que me convence con sus argumentos.

— ¿A usted le gusta el cine?

— Sí, pero nunca veo cine mexicano. Me gusta el americano, el europeo...

— Entonces ha de conocer *Teorema*, de Pier Paolo Pasolini.

— Sí, la vi durante la época en que estudiaba Leyes.

— El personaje del joven que llega a vivir a casa de la familia y que se acuesta con todos sus miembros: con la madre, con el padre, con el hermano, con la hermana y hasta con la sirvienta. ¿Dígame si le pareció que el joven era un promiscuo?

— Así como usted lo sugirió, sí.

— ¿Cómo lo sugerí, señor Licenciado?

— Con un brillo lascivo en la mirada.

— Bueno, eso no lo puedo evitar. Discúlpeme si lo ofendí. Pero según la película, que imagino todavía la recuerda... ¿qué le sugiere?

— Efectivamente, no un muchacho promiscuo. Más bien un ángel del amor, que llegó a transformar a toda la familia.

— ¿No le recuerda a Esmeralda?

El Licenciado se quedó callado, molesto por haber caído en el juego y no saber qué contestar al respecto.

— En base al éxito obtenido, me despido — dijo María Rojo. Se acercó a Jaime Humberto y le dijo casi al oído—: También vamos a ganar ésta, estoy convencida.

Partió con su sencillez y dignidad innatas, entre porras y algunos abucheos de un público primero invisible, pero que de inmediato se materializó solicitando autógrafos y portando pancartas a favor y en contra del acusado. Al invadir el tribunal, la violencia por la euforia contradictoria a punto estuvo de acontecer. Con fuertes y continuos golpes de su mazo sobre el escritorio, el Juez ordenó desalojaran a los intrusos. Los elementos antimotines entraron en acción, y sacaron a todas las personas ajenas al juzgado.

Sentado en el banquillo de los acusados, Jaime Humberto descubrió que él mismo era Esmeralda. Las ramas secas del estampado de su camisa comenzaron a retoñar, y su piel era tan transparente, que podía vérsele el alma. No sintió pena, ni siquiera pudor al ver que su espíritu estaba al desnudo; solamente tuvo una fuerte sensación de vulnerabilidad por estar a la intemperie sin protección alguna. Mostrarse completamente desnudo frente a los demás lo convertía en presa fácil para los que visten atavíos impuestos y convencionales. En el país de las apariencias era pecado mostrar la esencia. Jaime Humberto reconoció hasta entonces que su acción implicaba un gran riesgo, y descubrió la realidad de su terrible situación y las consecuencias que su atrevimiento podría ocasionarle. Estaba aterrado, paralizado por la impotencia, con la boca seca y los labios partidos. Aquel tribunal lo asfixiaba, y ya no había ninguna de sus amistades para consolarlo. Del cielo bajó Tito Vasconcelos, con sus alas pintadas en la espalda de su overol, y le guiñó el ojo. Abrió ventanas y puertas para que el lugar se ventilara, pintó las paredes con el color de la solidaridad, cambió muebles, pisos y objetos ornamentales; convirtiendo el tribunal en un agradable espacio interior, protegió a Jaime Humberto con la manta del cariño y del afecto, y la bordó con los hilos de una etérea amistad.

— Según informes, va usted como los cangrejos: para atrás. Pues lo han visto en la ciudad de Toronto, con una camarita de video de aficionado, grabando como *amateur*. ¿No le da vergüenza?

— No. Según me aclaró Julia, *amateur* viene de "amar", o sea que es hacer las cosas con amor.

— Como ya lo conozco, imagino que con ese cursi pretexto y los avances tecnológicos digitales, ha de estar planeando cumplir su sueño de dejar de ser aprendiz de pornógrafo y dar el paso definitivo a la realización de películas sicalípticas.

♠ Gabriel García Márquez, María Rojo, Mercedes Barcha de García Márquez, Arturo Villaseñor y Jaime Humberto Hermosillo.

— *Absence* — respondió Jaime Humberto.

— Me dicen que también trata de inmoralidades. Bueno, por este video todavía no se le puede acusar, debido a que no ha sido exhibido públicamente. Esperemos que quede como lo que es: un video casero. Y que no vaya a fructificar en realización cinematográfica, como le sucedió a *La tarea*. No conozco el trabajo, solamente tengo referencias, y con ellas me basta. Es una versión suya de un cuento de Hawthorne. Señor Hermosillo, ¿por qué insiste en trastocar las obras clásicas con tintes de desviaciones sexuales? El cuento de ese autor es una obra de arte; pero, por lo visto, usted tiene que distorsionar todo al adaptarlo. Para decirlo con las palabras de uno de los acusadores: que a usted le interesa demasiado la cogedera. Además, en este nuevo video, usted convierte a una mujer casada, convencional y moral, en una lesbiana. Y que al parecer, a ella le gusta mucho más esta nueva experiencia que la que sostuvo con el marido mientras él estaba presente. A eso no se le puede llamar feminismo, señor Hermosillo, eso es pura y vil distorsión, producto de su mente enfermiza. Además, inclusive las propuestas feministas están derrumbándose por sí mismas, porque las mujeres, más que haberse creado un mejor juicio, se han provocado muchos perjuicios. Ahora se divorcian fácilmente, viven solas, han hecho de los hombres unos inútiles, en fin, miles de calamidades ocasionadas por esta nueva postura que tanto daño ha ocasionado a la institución familiar. Y ustedes, los que se dicen artistas, han colaborado bastante en esta depravación. ¿Dígame, señor Hermosillo, hasta dónde quieren llegar?

Jaime Humberto no le contestó.

— ¿Por qué esta necedad de querer llevar al cine el video *Absence*? En donde el hombre queda reducido a la impotencia total, mientras que su esposa se enamora de nuevo, pero no de un hombre, sino de una mujer.

— A mí me gusta mucho *Absence*, señor Licenciado — intervino Bellissima, la blanca gatita de Jaime Humberto —, se me hace una historia muy triste.

— Debe ser una historia muy triste — reconfirmó el Licenciado, luego preguntó: ¿Usted quién es y cómo se llama?

— Soy la compañera de Jaime y me llamo Bellissima. Tengo dieciséis años viviendo con él. Pasamos temporadas en México, otras en Toronto y algunos días en Guadalajara.

♠ FILMOGRAFÍA Y BIBLIOGRAFÍA

FILMOGRAFÍA

OTRO FINAL PARA THELMA

Corto inconcluso. Homenaje a Thelma Ritter; México; 1964.

Dirección:	Jaime Humberto Hermosillo.
Guión:	Jaime Humberto Hermosillo.
Fotografía en blanco y negro (16mm):	Jaime Humberto Hermosillo.
Reparto:	María Guadalupe Delgado (*Thelma*).

HOMESICK

Producción:	Jaime Humberto Hermosillo; México; 1965.
Dirección:	Jaime Humberto Hermosillo.
Guión:	Claude de Chavigny y Jaime Humberto Hermosillo, inspirado en *El Malentendido*, de Albert Camus.
Fotografía de blanco y negro (16mm):	Alberto Bojórquez / Jaime Humberto Hermosillo.
Edición:	Alberto Bojórquez / Jaime Humberto Hermosillo.
Reparto:	Ourson Flemmard [Claude de Chavigny] (*El hijo ausente*), María Guadalupe Delgado (*La madre*), Marcelino Hermosillo (*El hermano*), José Manuel Hermosillo (*El padre*).
Duración:	20 minutos.

S. S. GLENCAIRN

Producción:	Centro Universitario de Estudios Cinematográficos de la Universidad Nacional Autonóma de México y Jaime Humberto Hermosillo; México; 1967.
Dirección:	Jaime Humberto Hermosillo.
Guión:	Jaime Humberto Hermosillo.
Fotografía en blanco y negro (16mm):	Francisco Bojórquez.
Edición:	Jaime Humberto Hermosillo.
Reparto:	Jorge Wimer (*Arturo*), Norma Castañares (*Nina*), Ana Sánchez (*Alicia*), Lourdes Canales (*Madre de Arturo*), Rubén Calderón (*Padre de Arturo*), Miguel Bojórquez (*Hermano de Arturo*), Mauricio Peña (*Comprador de corbata*).
Duración:	25 minutos.

LOS NUESTROS

Producción:	Jaime Humberto Hermosillo; México; 1969.
Dirección:	Jaime Humberto Hermosillo.
Guión:	Jaime Humberto Hermosillo.
Fotografía en blanco y negro (16mm):	Donald Bryant y Jesús Santiago.
Edición:	Alberto Bojórquez.
Reparto:	María Guadalupe Delgado (*Telma, la madre*), Liza Escárcega (*Liza, la hija*), Miguel Berna (*Edmundo, el hijo*), Marcelino Hermosillo (*Jorge, otro hijo*), Eduardo Just-Yuret (*Rodolfo*), Odinetta Dey [Magnolia Rivas] (*Isabel, la mujer de Rodolfo*) y Raúl Antoniano (*El joven vecino*).
Duración:	50 minutos.

LA VERDADERA VOCACIÓN DE MAGDALENA

Producción:	Cinematográfica Marco Polo, S.A.; productor ejecutivo: Anuar Badín; México; 1971.
Dirección:	Jaime Humberto Hermosillo.
Asistente del director:	Mario Llorca.
Script:	Luis Gaytán.
Guión:	Jaime Humberto Hermosillo
Fotografía en color:	Rosalío Solano.
Editor:	Rafael Ceballos.
Asistente del editor:	Javier Patiño.
Música:	Canciones del grupo *La Revolución de Emiliano Zapata*: *Preludio a la felicidad*, *I Dig It*, *In the Middle of the Rain*, *Petra y sus camaradas*, *El kuino*, *Now Listen the Song* y *So Long Ago*; Angélica María canta *Again*.
Sonido:	Eduardo Arjona.
Escenografía:	Salvador Lozano.
Reparto:	Angélica María (*Magdalena*), Carmen Montejo (*Zoyla*), Javier Martín del Campo (*Emeterio*), Farnesio de Bernal (*Armando*), Leticia Robles (*Gloria*), Ricardo Fuentes (*Sr. Núñez*), Sofía Joskowicz (*Berta*), María Guadalupe Delgado (*Madre de Armando*), Emma Roldán (*Vendedora de billetes de lotería*), Mario Casillas (*Entrevistador*); en el grupo *La Revolución de Emiliano Zapata*: Antonio Crúa (*José Luis*), Francisco Martínez (*Francisco*), Carlos del Valle (*Miguel*), Oscar Rojas (*Roberto*); Lourdes Canales (*Madre de Gloria*); Guillermo Castillo, María Montejo, Pedro Regueiro (*Galán de Gloria*).
Duración:	90 minutos.

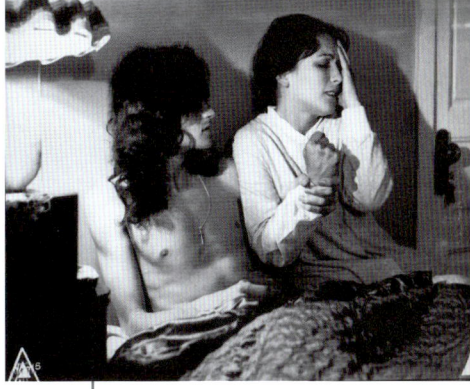

♠ Javier Martín del Campo y Angélica María en *La verdadera vocación de Magdalena*.

Guión: Francisco Sánchez.
Fotografía en color: Jorge Stahl, Jr.
Música: Nacho Méndez; canciones: *Cada noche un amor,* de Agustín Lara, *Viajera,* de Luis Alcaraz y *Tan lejos,* de Álvaro Dalmar.
Sonido: Jorge Mateos.
Escenografía: José Rodríguez Granada.
Ambientación: Lucero Isaac.
Edición: Rafael Ceballos.
Reparto: Julissa (*Julia*), Alma Muriel (*July*), Jorge Balzaretti (*Octavio*), Manuel Ojeda (*Ernesto*), José Alonso (*Mario*), Roberto Cobo (*Cantante en camiones*), Blanca Torres (*Señora fuchi*), Farnesio de Bernal (*Borracho*), Ana Ofelia Murguía (*Esposa de Ernesto*), Emma Roldán (*Dama caritativa*), Armando Martín ("*El Pecas*"), Magnolia Rivas (*Chava adinerada*), Alma Levy (*Empleada*), Mauricio Peña (*Cliente enamorado*), Miguel Gómez Checa (*Ciego*), Rolando de Castro (*Ligador*), Margarita Isabel (*Dama exuberante*).
Duración: 92 minutos.

MARÍA DE MI CORAZÓN

♠ María Rojo y Héctor Bonilla en *María de mi corazón.*

Producción: Universidad Veracruzana y Asociados; Clasa Film Mundiales; México; 1979.
Dirección: Jaime Humberto Hermosillo.
Ayudantes de dirección: Miguel Ángel Velázquez Dorado y Miguel Ángel Mora.
Director de conjuntos: Juan Antonio de la Riva.
Guión: Gabriel García Márquez y Jaime Humberto Hermosillo.
Fotografía en color (16mm): Ángel Goded.
Sonido: Fernando Cámara.
Efectos especiales: Sergio Jara.
Edición: Rafael Ceballos.
Reparto: Héctor Bonilla (*Héctor*), María Rojo (*María*), Armando Martín ("*El Pecas*"), Salvador Sánchez (*Vendedor de chueco*), Tomás Mojarro (*Compadre*), Evangelina Martínez (*Eva*), Roberto Sosa (*Chofer del camión*), Dolores Beristáin (*Enfermera I*), Martha Navarro (*Enfermera II*), Margarita Isabel (*Enfermera III y Prostituta*), Eduardo López Rojas (*Vigilante*), Arturo Beristáin (*Gerente del centro nocturno*), Oscar Chávez (*Oscar Chávez*), Ana Ofelia Murguía (*Doctora Murguía*), Blanca Torres (*Blanquita, la trabajadora social*), Xochitl (*Jefa de enfermeras en el pabellón 5*), Alma Levy (*Ester*), Patricia Zepeda (*Enferma mental*), Silvia Mariscal (*Amiga de María*), José Alonso (*Pepe*), Farnesio de Bernal (*Empleado de la Delegación*), Miguel Gómez Checa (*Cerrajero*), Enrique Lizalde (*Dueño de la casa robada*), Julieta Egurrola (*Doctora*), Max Kerlow (*Mago*), María Guadalupe Delgado (*Madrina*

de María), Benjamín Islas (*Cargador*), Roberto Columba (*Empleado de la ostionería*), Sofía Álvarez (*Amiga del gerente del centro nocturno*), María Luisa Campuzano (*Prostituta II*), Jesús Carmelo (*El de lentes*).

Duración: 120 minutos.

IDILIO

Producción:	Centro de Producción y Cortometrajes y Estudios Churubusco, S.A.; México; 1978.
Productor:	Jaime Kuri.
Dirección:	Jaime Humberto Hermosillo.
Ayudante de dirección:	François Keiffer.
Guión:	Jaime Humberto Hermosillo, basado en un relato de Guy de Maupassant.
Fotografía en color:	Tony Kuhn.
Sonido:	Fernando Cámara.
Ambientación:	Lucero Isaac.
Edición:	Rafael Ceballos.
Reparto:	María Rojo (*Ella*), Iván Robles (*Él*).
Duración:	20 minutos.

CONFIDENCIAS

Producción:	Clasa Films Mundiales y Asociados; México; 1982.
Dirección:	Jaime Humberto Hermosillo.
Guión:	La obra *De pétalos perennes*, de Luis Zapata.
Encargado de utilería y vestuario:	Arturo Villaseñor.
Fotografía en color (16mm):	Henner Hoffman.
Sonido:	Fernando Cámara.
Edición y selección musical:	Rafael Castanedo.
Reparto:	Beatriz Sheridan (*Adela*), María Rojo (*Tacha*).
Duración:	90 minutos.

EL CORAZÓN DE LA NOCHE

Producción:	CONACINE, S.A. de C.V.; México; 1983.
Dirección:	Jaime Humberto Hermosillo.
Guión:	José de la Colina y Jaime Humberto Hermosillo.
Fotografía en color:	Gabriel Figueroa.
Música:	Joaquín Gutiérrez Heras.
Ambientación:	Lucero Isaac.

♠ Marcela Camacho y Pedro Armendáriz en el *Corazón de la noche*.

Edición: Rafael Ceballos.
Reparto: Pedro Armendariz Jr. (*El ciego*), Jorge Balzaretti (*El muchacho*), Marcela Camacho (*La muchacha*), Roberto Cobo (*El hombre sin brazos*), Luis Rábago (*El desorejado*), María Rojo (*La intérprete*), Graciela Lara (*La madre*), Ana Ofelia Murguía (*La alumna de manejo*), Manuel Ojeda (*Leyva*), Armando Martín (*Joven I*), Martha Navarro (*Paralítica I*), Antonio Rangel (*El amigo*), Evangelina Martínez (*Señora*), Alma Levy (*Invitada*), Roberto Sosa (*Invitado*), Miguel Gómez Checa (*Jorobado*), Sofía Álvarez (*Paralítica II*), María Guadalupe Delgado (*Señora*).
Duración: 100 minutos.

DOÑA HERLINDA Y SU HIJO

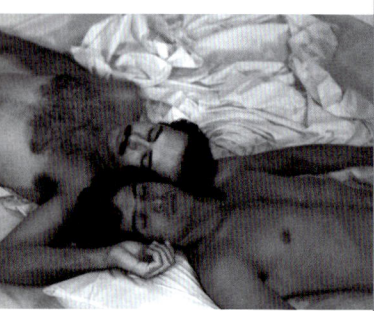

♠ Marco Antonio Treviño y Arturo Meza en *Doña Herlinda y su hijo*.

Producción: Manuel Barbachano Ponce para Clasa Films Mundiales, S.A.; México; 1984.
Dirección: Jaime Humberto Hermosillo.
Asistente del director: Arturo Villaseñor.
Director de conjuntos: Daniel Constantini.
Guión: Jaime Humberto Hermosillo, basado en un cuento de Jorge López Páez.
Fotografía en color (16mm): Miguel Ehrenberg.
Sonido: Fernando Cámara.
Ambientación: Daniel Varela.
Música: Seleccionada por Jaime Humberto Hermosillo: *Alborada*, de Mauro T. Uranga; *Guadalajara*, de Pepe Guízar; Mariachi Vargas de Tecatitlán; *La culebra*, D.P., Mariachi Internacional; *No la soltaré, El capital mundial, Estando contigo*, grupo Madres y Comadres; *Inocente y pobre amiga*, de Juan Gabriel, y *Llegando a ti*, de José Alfredo Jiménez, ambas interpretadas por Lucha Villa; *Mañanitas tapatías, Mañanitas, Tómale y llévale, Golondrinas tapatías, Tecolote de guadaña*, D.P., interpretadas por el Grupo Musical del Taller de Investigación de Cultura Popular.
Ambientación de la fiesta de bautizo: José Hernández.
Edición: Luis Kelly.
Gerente de producción: Guillermo del Toro.
Reparto: Guadalupe del Toro (*Doña Herlinda*), Arturo Meza (*Ramón*), Marco Antonio Treviño (*Rodolfo*), Leticia Lupercio (*Olga*), Angélica Guerrero (*Doña Josefina*), Guillermina Alva Chávez (*Billie*), Donato Castañeda (*Don Ramón*), Charo Constantini (*Dueña de la pensión*), Arturo Villaseñor (*Eduardo*) Josefina González (*Doña Jose*), Arturo Camacho (*Sacerdote*) y la actuación especial de Lucha Villa.
Duración: 90 minutos.

MIL NOVECIENTOS NOVENTA Y NUEVE

(Película inconclusa, porque el ochenta por ciento del negativo en 16 mm. resultó dañado por razones sin explicación clara hasta la fecha; y vuelta a filmar con el título de *Clandestino destino*.)

Producción:	Universidad de Guadalajara y Hermosillo y Asociados; México; 1987.
Dirección:	Jaime Humberto Hermosillo.
Guión:	Jaime Humberto Hermosillo.
Fotografía en color:	José Antonio Ascencio.
Ambientación:	Laura Santa Cruz.
Reparto:	Alonso Téllez (*Eduardo*), Rafael Monroy (*Ángel*), Magnolia Rivas (*Lila*), Denisse Montiel (*Isabel*), Arturo Villaseñor (*Salvador*), Gloria San Martín (*Tía Cristina*).

CLANDESTINO DESTINO

Producción:	Clasa Films Mundiales; México; 1987.
Dirección:	Jaime Humberto Hermosillo.
Guión:	Jaime Humberto Hermosillo.
Fotografía en color:	José Antonio Ascencio y Francisco Bojórquez.
Música:	Carlos Esegé, canciones de Jaime López.
Ambientación:	Laura Santa Cruz.
Edición:	Laura Imperiale.
Reparto:	Alonso Téllez (*Eduardo Zuriañaga*), Rafael Monroy (*Ángel*), Magnolia Rivas (*Lila*), Denisssse Montiel (*Isabel*) Arturo Villaseñor (*Salvador*), Gloria San Martín (*Tía Cristina*).
Duración:	85 minutos.

♠ *Clandestino destino*

EL VERANO DE LA SEÑORA FORBES

Producción:	International Network y Televisión Española; México-España; 1988.
Dirección:	Jaime Humberto Hermosillo.
Guión:	Gabriel García Márquez y Jaime Humberto Hermosillo, basado en el cuento *El verano feliz de la señora Forbes*, de García Márquez.
Fotografía en color:	Rodrigo García Barcha.
Sonido:	Carlos Fernández.
Escenografía:	Derubín Jácome.
Vestuario:	Diana Fernández.
Edición:	Nelson Rodríguez.
Reparto:	Hanna Schygulla (*Irm Forbes*), Francisco Gattorno (*Aquiles*), Alexis Castañares (*Mauricio*), Victor César Villalobos (*Sandro*), Guadalupe Sandoval (*Sirvienta*), Fernando Balzaretti (*Padre*), Yuriria Munguía (*Madre*).
Duración:	100 minutos.

♠ Hanna Schygulla y Yuriria Munguía en *El verano de la señora Forbes*.

UN MOMENTO DE IRA (VIDEO)

Producción: Jaime Humberto Hermosillo; México; 1988.
Dirección: Jaime Humberto Hermosillo.
Guión: Jaime Humberto Hermosillo.
Cámara: Edmundo Díaz.
Reparto: Arturo Villaseñor (*Alejandro Rivera*), Leticia Lupercio (*Señora en el teléfono*) y la gata Desdémona.
Duración: 25 minutos.

LA TAREA (EL APRENDIZ DE PORNÓGRAFO) (VIDEO)

Producción: Jaime Humberto Hermosillo; México; 1989.
Productora ejecutiva: Lourdes Rivera.
Dirección: Jaime Humberto Hermosillo.
Ambientación: Laura Santa Cruz.
Reparto: Charo Constantini (*Lilia Pardo*), Daniel Constantini (*Román Partida*), Teresa Nieva (*Adolescente*), Daniel Constantini Partida (*Niño*).
Duración: 59 minutos.

INTIMIDADES EN UN CUARTO DE BAÑO

Producción: Jaime Humberto Hermosillo y Sociedad Cooperativa de Producción Cinematográfica *José Revueltas*; distribución mundial: Clasa Films Mundiales, S.A.; México; 1989.
Producción ejecutiva: Lourdes Rivera.
Dirección: Jaime Humberto Hermosillo.
Guión: Jaime Humberto Hermosillo.
Director de fotografía: Guillermo Navarro.
Sonido: Salvador de la Fuente.
Ambientación: Leticia Venzor.
Asistente de dirección y script: Teresa Nieva.
Música: *Distante instante*, de Rockdrigo, cantada por él mismo.
Reparto: Gabriela Roel (*Gabriela*), Álvaro Guerrero (*Roberto*), Martha Navarro (*Berta*), María Rojo (*Esperanza*) y Emilio Echeverría (*Juan*).
Duración: 75 minutos.

♠ Álvaro Guerrero en *Intimidades en un cuarto de baño*.

LA TAREA

Producción:	Pablo y Francisco Barbachano para Clasa Films Mundiales; 1990.
Dirección:	Jaime Humberto Hermosillo.
Guión:	Jaime Humberto Hermosillo.
Fotógrafo:	Toni Kuhn.
Producción ejecutiva:	Lourdes Rivera.
Sonido:	Nerio Berberis.
Dirección artística:	Laura Santa Cruz.
Música:	*Bonita* y *Superstición* de Luis Alcaraz; *Momento,* de los Hermanos Gil; *Los marcianos,* de Rosendo Ruiz Gil, Jr.
Reparto:	María Rojo (*Virginia*), José Alonso (*Marcelo*).
Duración:	85 minutos.

♠ Cartel de Germán Montalvo.

ENCUENTRO INESPERADO

Producción:	Pablo y Francisco Barbachano para Clasa Films Mundiales; México; 1991.
Productora ejecutiva:	Tita Lombardo.
Dirección:	Jaime Humberto Hermosillo.
Guión:	Arturo Villaseñor, basado en su obra de teatro.
Fotografía:	Ángel Goded.
Asistente de dirección:	Ximena Cuevas, María Fernanda Suárez.
Sonido:	Fernando Cámara, Nerio Barberis.
Ambientación:	Lucero Isaac.
Edición:	Ramón Aupart, Javier Patiño.
Música:	Humberto Álvarez.
Canciones:	*Amor eterno*, de Juan Gabriel; *Si nos dejan* y *Amanecí en tus brazos,* de José Alfredo Jiménez; *El gusto*, de Rubén Fuentes y S. Vargas.
Reparto:	Lucha Villa (*Pilar Landeros*), María Rojo (*Estela*), Ignacio Retes (*Moribundo*), Jorge Zepeda (*Anselmo*) y Ari Telch (*Chofer*).
Duración:	80 minutos.

♠ Lucha Villa en *Encuentro inesperado*

LA TAREA PROHIBIDA

Productor:	Manuel Barbachano Ponce para Clasa Films; México; 1992.
Producción ejecutiva:	Pablo y Francisco Barbachano.
Dirección:	Jaime Humberto Hermosillo.
Asistentes de dirección:	Enrique Vargas y Alberto Atala.
Guión:	Jaime Humberto Hermosillo.
Fotógrafo:	Alex Phillips, Jr.
Escenografía:	Alejandro Luna y Norma Hilda Castañares.

♠ Esteban Soberanes y María Rojo en *La tarea prohibida*.

ARGUMENTOS, GUIONES Y ADAPTACIONES POR FILMAR

Socios para el peligro y la aventura.

Una historia que no debiera contarse.

Con el puño cerrado.

Hotel Ambos Mundos, argumento.

Eterno esplendor.

Sed de amor y de absoluto.
Basado en *Madame Bovary*, de Gustave Flaubert.

Amor del bueno.
Argumento de J.H.H.; primera versión del guión escrito en colaboración con Luis Zapata.

Juventud, primeras experiencias y desengaños de Hernán Cortés Delgado.

La gloria secreta,
con Gabriel García Márquez.

La tesis.

Derrumbe de Ángeles, argumento escrito en colaboración con Arturo Villaseñor.

El callejón de los milagros,
primer tratamiento; basado en la novela de Naguib Mafouz, escrito en colaboración con Arturo Villaseñor.

Two Gardenias, escrito con Robin Wood.

Gatto, Gatta, Gatti.

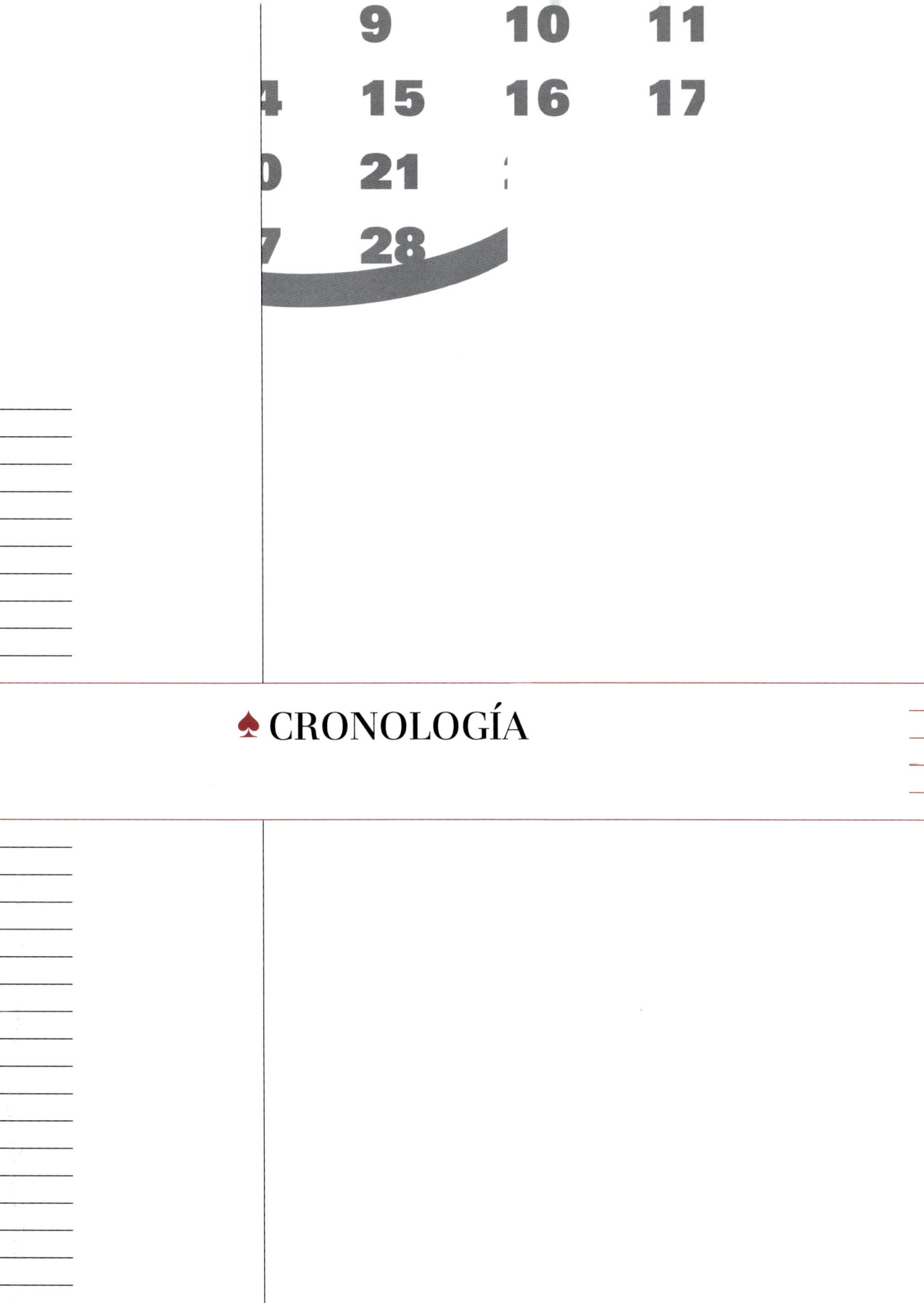

♠ CRONOLOGÍA

♠ José Hermosillo Pérez.

♠ Jaime Humberto Hermosillo.

	1942	Enero 22	•Jaime Humberto Hermosillo nace en la ciudad de Aguascalientes, tercero de cuatro hijos. •Sus otros hermanos: José Manuel, Marcelino y Eduardo. •Sus padres: José Hermosillo Pérez y María Guadalupe Delgado.
	1943	Noviembre 27	•Muere su padre.
	1944	Febrero 16	•Nace su hermana Lourdes.
	1951		•Escribe su primer cuento, para una clase del tercer año de primaria.
	1952		•Ve *El tercer hombre*, de Carol Reed.
	1953		•Ve *Cantando en la lluvia*, de Stanley Donen y Gene Kelly.
	1954	Junio	•Termina la escuela primaria.
		Julio	•Entra a trabajar con don Manuel Palos López. •Se inicia su amistad con Humberto Álvarez. •Lee *Madame Bovary*, de Gustave Flaubert.
		Septiembre	•Ingresa a la Academia Comercial Llamas. •Ve *Tuyo es mi corazón*, de Alfred Hitchcock. •Ve *Carta de una desconocida*, de Max Ophüls. •Su madre le compra su primera máquina de escribir.
	1955	Abril	•Deja de trabajar con don Manuel Palos López. •Ve *La ventana indiscreta*, de Alfred Hitchcock. •En un número atrasado de la revista cubana *Bohemia*, lee un artículo titulado *Eugene O'Neill, un espía de Dios*. •Continúa en la Academia Comercial Llamas.
	1956		•Su hermano Marcelino le regala *Viaje de un largo día hacia la noche*, de Eugene O'Neill. •Continúa en la Academia Comercial Llamas.

1957	Junio	• Se titula como contador privado en la Academia Comercial Llamas. • Lee todas las obras de Eugene O'Neill publicadas en español.
	Julio	• Su primer trabajo en una oficina.
	Septiembre	• Su segundo trabajo, con el señor Sumarán.
1958		• Escribe su primera obra de teatro en un acto, que no pasa de un ser un borrador. • Ve *Strómboli*, de Roberto Rossellini.
	Noviembre 27	• Su hermano José Manuel se casa con Socorro Márquez. • Lee *El zoológico de cristal*, de Tennessee Williams.
1959		• Ve *El hombre quieto*, de John Ford, y *Nazarín*, de Luis Buñuel.
	Agosto	• Decide dejar Aguascalientes.
	Septiembre 10	• Llega a la ciudad de México. • Ve *Senso*, de Luchino Visconti. • Entra a trabajar como asistente de contador en el Fraccionamiento Lindavista, donde permanecerá durante doce años. Hace amistad con el C.P. Francisco Pérez Pimentel.
1960		• Ve *Sin aliento*, de Jean-Luc Godard, y *Los cuatrocientos golpes*, de François Truffaut. • Ve *Les Girls*, de George Cukor.
1961		• Lee el número dedicado a Luis Buñuel publicado por *Nuevo Cine*. • Colabora para la revista *Cine Avance*.
1962	Junio	• Es aceptado como alumno en el recién fundado Centro Universitario de Estudios Cinematográficos de la Universidad Nacional Autónoma de México. Estudia sólo un año.

♠ Jaime Humberto Hermosillo.

1982		• Termina de escribir *Doña Herlinda y su hijo*. • Premian con un Ariel a Beatriz Sheridan por su actuación en *Confidencias*. • *María de mi corazón* es premiada con Diosas de Plata para el mejor actor, Héctor Bonilla, mejor actriz, María Rojo, y mejor director. • Escribe *Sed de amor y de absoluto*, su versión de *Madame Bovary*. • Se establece en Guadalajara, Jalisco.
1983	Abril	• Filma *El corazón de la noche*. • Después de años de prohibición, se estrena *Las apariencias engañan*. • *Las apariencias engañan* gana una Diosa de Plata a Margarita Isabel, por la mejor coactuación, y un Ariel para Jaime Humberto Hermosillo, por el mejor guión.
	Septiembre	• Exhiben *María de mi corazón* en el Festival de Cine de Toronto, Canadá.
	Octubre	• Adopta a Bellissima.
1984	Marzo	• Escribe *Eterno esplendor*. • Con Gabriel García Márquez escribe *La gloria secreta*.
1985	Abril	• Con Anne-Marie Meier funda la escuela del Centro de Cine y Crítica de Occidente.
	Junio	• Realiza *Doña Herlinda y su hijo*, con alumnos y maestros del Centro de Cine y Crítica de Occidente. • Conoce a Claudia Cecilia Alatorre, y lee su libro *Análisis del drama*. • Crea la Muestra de Cine Mexicano en Guadalajara.
1986	Marzo	• Primera Muestra de Cine Mexicano en Guadalajara. Se estrena *Doña Herlinda y su hijo*, en 16mm. • *Doña Herlinda y su hijo* participa en el festival de cine de Cartagena, Colombia. • Junto con Anne-Marie Meier y Arturo Villaseñor trabaja para la creación del Área de Enseñanza Cinematográfica para el CIEC de la Universidad de Guadalajara.

♠ Rafael Monroy, Magnolia Rivas, Denisse Montiel y Alonso Téllez en *Clandestino destino*.

1987	Marzo	• Segunda Muestra de Cine Mexicano en Guadalajara. Estreno de la versión 35mm. de *Doña Herlinda y su hijo*.
	Abril	• *Doña Herlinda y su hijo* inaugura *New Films, New Directors* en el Museo de Arte Moderno de Nueva York.
	Mayo	• Filma versión en 16mm. de *Clandestino destino*. • El negativo en 16mm. de *Clandestino destino* resulta (sin explicación clara a la fecha) dañado en un ochenta por ciento. • Renuncia al Área de Enseñanza del CIEC, y a la Muestra de Cine Mexicano.
	Junio	• Retrospectiva en el National Film Theatre de Londres. • Manuel Barbachano Ponce produce una nueva versión en 35mm. de *Clandestino destino*.
	Septiembre	• María Félix firma contrato para actuar en *Eterno esplendor*. Semanas después, el proyecto se cancela. • *Doña Herlinda y su hijo* participa en el Festival Internacional de Cine de Toronto. • Estreno de *Doña Herlinda y su hijo* en los Estados Unidos; y en Londres, rompe récord de permanencia en su sala de estreno.
	Diciembre	• Se estrena *Clandestino destino* en el Festival de Cine de Londres.
1988	Enero	• Dirige en La Habana, *El verano de la señora Forbes*. • Otorgan Diosa de Plata por mejor guión a *Doña Herlinda y su hijo*.
	Diciembre	• Compra una cámara de video ocho. • Realiza en video *Un momento de ira*. • Concibe la idea para *La tarea*.
1989	Enero	• Graba la versión en video de *La tarea*.
	Agosto	• Filma *Intimidades en un cuarto de baño*.

1990		• El video *La tarea* gana un premio nacional en un concurso de video. • Filma *La tarea*. • Conoce a Lourdes y Luis Almeida.
	Noviembre	• Retrospectiva en el Museo de Arte Moderno de Nueva York.
1991	Febrero	• Exhiben *La tarea* e *Intimidades en un cuarto de baño* en el Foro de Cine del Festival de Berlín. • Premio Especial del Jurado del Festival Internacional de Cine de Moscú para *La tarea*.
	Mayo	• Retrospectiva en la Cinemateca de Ontario, Canadá. • Filma *Encuentro inesperado*. • Premio a *La tarea* por la mejor dirección en el Festival Internacional de Cine de Taormina, Italia.
	Septiembre	• Se exhiben en el Festival Internacional de Cine de Toronto *La tarea* e *Intimidades en un cuarto de baño*.
	Octubre	• Premio a María Rojo como mejor actriz por *La tarea* en el Festival Internacional de Cine de Valladolid, España. • *La tarea* gana el premio del público en el Festival de Cine de Vancouver.
1992	Enero-marzo	• Monta en teatro *La tarea*.
	Julio	• Filma *La tarea prohibida*.
	Septiembre	• Se exhibe *Encuentro inesperado* en el Festival Internacional de Cine de Toronto. • Se exhiben varias de sus películas en el Centro Georges Pompidou, en París.
	Diciembre	• En el Festival de Cine Latinoamericano de La Habana, *La tarea prohibida* gana premios a mejor película, mejor actriz y mejor escenografía.
1993	Agosto	• Escribe versión de teatro y primer tratamiento en español de *Dos gardenias*.

♠ Esteban Soberanes en *La tarea prohibida*.

	Octubre	• Con Robin Wood escribe *Two Gardenias*. • Retrospectiva en el Instituto Italolatinoamericano, en Roma. • Muere su madre, María Guadalupe Delgado.
	Diciembre	• Decide pasar temporadas en Toronto, Canadá.
1994	Julio 25	• Acompañado de Bellissima, llega a Canadá como Residente Permanente. • Con Charlotte y Leopoldo Chagoya escribe *Mirror of Despair* (versión en inglés de *Intimidades en un cuarto de baño*). • Escribe una segunda versión de *Two Gardenias*.
1995		• Escribe *De noche vienes, Esmeralda*. • Busca productor para *De noche vienes, Esmeralda*.
1996	Febrero	• Filma el cortometraje *Why Don't We?* • Con Arturo Villaseñor, Leopoldo y Charlotte Chagoya trabaja en una adaptación de *La frontera de cristal*. • Gestiona el rodaje de *De noche vienes, Esmeralda*.
1997	Enero	• Realiza *De noche vienes, Esmeralda*.
	Agosto	• Lee *El camino del artista*, de Julia Cameron.
	Septiembre	• *De noche vienes, Esmeralda* se estrena en la sección *Masters* del Festival Internacional de Cine de Toronto.
	Octubre	• Escribe *Gatto, Gatta, Gatti*.
	Diciembre	• Escribe *El quebranto*.
1998	Marzo	• *De noche vienes, Esmeralda* gana el Premio del Público en la Muestra de Cine Mexicano en Guadalajara.
	Agosto	• Compra su cámara de video digital.
	Septiembre	• Comienza la grabación en video digital de *Absence*.

♠ Pedro Armendáriz y María Rojo en *De noche vienes, Esmeralda*.

	Octubre	• Con Arturo Villaseñor, Leopoldo y Charlotte Chagoya trabaja en una adaptación de *Elogio de la madrastra* y *Los cuadernos de don Rigoberto*.
	Diciembre	• *De noche vienes, Esmeralda* gana Arieles a mejor guión y mejor coactuación femenina para Martha Navarro. También Heraldos para la mejor película y el mejor director.
1999	Marzo-abril	• Con Arturo Villaseñor escribe el libro *María Rojo*. • Adapta a cine *Escrito en el cuerpo de la noche*, obra de teatro de Emilio Carballido.
	Junio	• Es nombrado Creador Emérito del Sistema Nacional de Creadores de Arte.
	Julio	• Con Arturo Villaseñor, Leopoldo y Charlotte Chagoya escribe una segunda versión y la traducción al inglés de *La frontera de cristal*.
	Octubre	• Trabaja en una segunda versión y la traducción al inglés de *La gloria secreta*.
	Julio-octubre	• Edita y termina una primera versión del video-script *Absence*, todavía *a work in progress*. • Realiza su primer video digital de un minuto para Internet.
	Noviembre	• Comienza a escribir *Los Sansregret*, luego intitulada *Mère*.
2000	Febrero-marzo	• Dirige escena de algunos episodios de la telenovela *La calle de las novias*.
	Mayo	• A partir del video-guión *Absence*, trabaja una nueva versión del guión.
	Junio y julio	• Arturo Villaseñor escribe el libro *Jaime Humberto Hermosillo en el país de las apariencias*.
	Septiembre	• Filma *Escrito en el cuerpo de la noche*.

	Noviembre	• Trabaja en el guión *Mère*. • Retrospectiva de su obra en el Festival de Cine de Amiens, Francia. • Como parte de la XXXVI Muestra Internacional de Cine, se estrena *Escrito en el cuerpo de la noche* en la Cineteca Nacional.	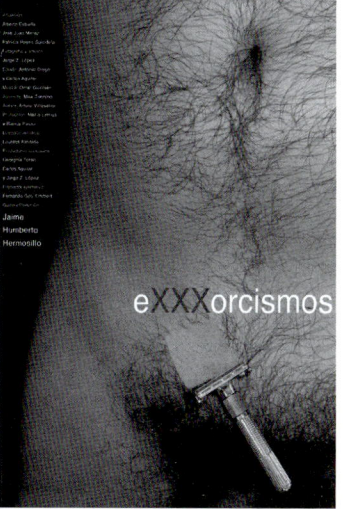 ♠ Cartel de Luis Almeida.
2001	Febrero	• Pasa una temporada en Montreal, y escribe una segunda versión de *Mère*.	
	Julio	• Retrospectiva de su obra en la Cinémathèque Quebeçoise, en Montreal. • Asesora la producción del video digital de Arturo Villaseñor intitulado *Mañana*.	
	Agosto	• Participa como Jurado del Festival Internacional de Cine de Montreal. • *Escrito en el cuerpo de la noche* participa en dicho festival fuera de competencia.	
	Noviembre	• Concibe y comienza a preparar *eXXXorcismos*. • Se le rinde homenaje en el Festival Internacional de Cine de Ajijic, Jalisco.	
	Diciembre	• Comienza la grabación de *eXXXorcismos*.	
2002	Enero	• Termina la grabación de *eXXXorcismos*. • Tras la celebración de su cumpleaños número sesenta, en una función privada en la Cineteca Nacional se exhibe por vez primera *eXXXorcismos*.	
	Abril	• *eXXXorcismos* se estrena en la Cineteca Nacional, como parte de la XXXIX Muestra Internacional de Cine.	

**Jaime Humberto Hermosillo
en el país de las apariencias**

DIRECTORIO

Consejo Nacional para la Cultura y las Artes
Sari Bermúdez
Presidenta

Cineteca Nacional
Magdalena Acosta Urquidi
Directora General

Ana Cruz Navarro
Directora de Difusión y Programación

Ángeles Sánchez Gutiérrez
Directora de Acervos

Catherine Bloch Gerschel
Subdirectora de Investigación

Roberto Garza Iturbide
Subdirector de Publicaciones y Prensa

Agustín Gendron Zárate
Jefe del Departamento de Publicaciones

Patricia Talancón Solorio
Iconografía

Alejandro Cruz (SOLIDiseño)
Diseño editorial y de portada

Cineteca Nacional
Av. México Coyoacán 389, Col. Xoco
www.cinetecanacional.net
México, 2002